고대의 지혜 카발라

더 평화로운 삶을 위한 길잡이

KABBALAH REVEALED: A Guide to a More Peaceful Life
by
Michael Laitman

Copyright © 2023 by Michael Laitman
All rights reserved.

ISBN: 978-1-77228-102-6

This Korea edition was published by arrangement with Laitman Kabbalah Publishers.

신저작권법에의해한국내에서보호를받는저작물이므로무단전재와무단복제를 금합니다.

더 평화로운 삶을 위한 길잡이

KABBALAH

> 서문

조화로운 삶을 위한
평화의 메시지

　미하엘 라이트만 박사(Rav Michael Laitman)의 《고대의 지혜 카발라: 더 평화로운 삶을 위한 길잡이》 서문을 써달라는 부탁을 받게 되어 무척 기쁘고 영광스럽습니다. 저자는 개인적으로 소중한 친구일 뿐만 아니라 진정 2000년간 비밀에 싸여 있던 카발라의 지혜를 대표하는 사람이며, 오늘날 가장 훌륭한 카발리스트 가운데 한 사람입니다. 다른 고대의 지혜들과 더불어 카발라의 지혜가 전면적으로 부각되고 있는 지금, 카발라의 본질을 설명하기에 라이트만 박사보다 더 적합한 사람은 없다고 나는 확신합니다.

　진정한 가르침의 도구로서 카발라가 오늘날의 세상에 등장했다는 것은 아주 중요한 의미가 있습니다. 카발라는 우리 선조들이 소유했던, 그리고 우리가 잃어버린 그 지혜의 깨달음을 다시 얻을 수 있도록 우리를 도와줄 것입니다. 오래된 지혜들이 오늘날 나타나고 있는 진정한 이유는 관습적이고 기계적인 사고방식이 약속하였던 웰빙과 안정을 제공하는 데 실패하였기 때문입니다. 중국의 한 속담이 "만약 우리가 방향을 바꾸지 않으면, 정확히 우리가 향하고 있는 곳에서 최후를 맞게 될 것이다."라고 경고하듯이 말입니다. 이 속담을 현대의 인류에 적용시켜보면, 이것은 재앙으로 판명될 수 있습니다.

기후 변화로 인해 지구의 많은 지역은 인간이 살기에 적합하지 않고 식량 생산에 부적당하며, 생존 불가능한 죽은 땅으로 바뀔 위험에 처해 있습니다. 뿐만 아니라 세계 경제의 대부분에 있어서 자급자족 능력이 감소하고 있습니다. 불행하게도 이와 더불어 식량 비축도 세계적으로 감소했습니다. 세계 인구의 절반이 넘는 사람들이 깨끗한 물을 사용하지 못하고 있으며, 매일 평균 6000명 이상의 어린이들이 오염된 물에 의한 설사로 사망하고 있습니다.

세상 곳곳에서는 폭력과 테러가 갈등 해소를 위하여 선호하는 수단이 되고 있습니다. 그리하여 선진국, 후진국을 불문하고 불안의 골은 점점 깊어지고 있습니다. 이슬람 근본주의는 이슬람 사회 내에 번지고 있고, 유럽에서는 신나치주의 및 다른 극단주의 움직임들도 일어나는 등 종교적인 광신이 전 세계적으로 확대되고 있습니다.

이 지구상에 우리가 설 자리가 있을지 의문이 들 정도입니다. 그렇다고 이것이 세계적 파탄을 의미하는 것은 아닙니다. 우리는 지금의 흐름을 바꿀 수 있으며, 다음과 같은 시나리오도 충분히 가능합니다. 즉 본문의 후반부에서 이야기하겠지만 우리가 힘을 합치면 평화와 안정이라는 공동의 목표를 실현하는 것이 결코 불가능한 일이 아닐 것입니다.

사업가들은 변화의 물결을 파악하여 수요의 변동에 맞는 상품과 서비스로 대응할 수 있습니다. 세계 뉴스 및 엔터테인먼트 미디어는 신선한 사고방식 및 새로운 사회적·문화적 혁신을 탐구할 수 있으며, 인터넷과 TV, 그리고 기업과 사회 속의 의사소통 망에서는 자아와 자연에 대한 새로운 미래상이 도래할 수 있습니다. 문명사회에서는 기존과 다른 삶의 방식과 책임감 있는 가치관에 대한 문화가 사회적·환경적 안정감에 대한 정책의 지지를 받게 될 것입니다. 환경을 보호하고 효율적인 식량과 원료 분배 시스템을 만들어가며, 환경 보존적 에너지, 교통, 농업 기술을 개발하고 이용하도록 조치가 취해질 것입니다.

이런 긍정적인 전망 속에서 군사 및 국방에 이용되던 자본이 사람들의 필요를 채우는 방향으로 전환될 것입니다. 이런 발전에 힘입어 국가적·국제적·문화적 불신을 비롯하여 민족적이고 인종적인 갈등과 억압, 경제적 불평등, 성적 불공평 대신에 상호간의 신뢰와 존중이라는 길이 열릴 것입니다. 또한 민간인들과 공동체들은 기꺼이 협조하며 생산적인 파트너십을 형성할 것입니다. 그리하여 갈등과 전쟁 속에 쇠퇴하는 대신에 인류는 단순히 자급적이고 협동적인 공동체라는 안정적인 세상으로 나아갈 뿐만 아니라 평화롭고 평온하며 완벽하게 자아 충족적인 즐거운 미래로 발전해 나갈 것입니다.

분명히 이렇게 평화롭고 안정적인 세상이 우리 모두를 기다리고 있습니다. 하지만 불행히도 현재 우리는 그 방향으로 가고 있지 않습니다. 아인슈타인은 "우리가 직면하고 있는 중대한 문제점들은 우리가 그 문제점들을 창조했던 것과 똑같은 사고의 수준에서는 해결될 수 없다."고 말했습니다. 그런데 지금 우리는 그렇게 하려고만 애쓰고 있습니다. 우리는 테러리즘, 빈곤, 범죄, 환경 파괴, 질병 및 문명이 가져온 다른 병마에 대하여 애초에 그것들을 만들어낸 것과 똑같은 방법으로 대응하려 노력하고 있습니다. 우리는 다만 기술적인 수정과 일시적인 개선 수단을 시도하고 있을 뿐입니다. 실제로 우리는 지속적이고 근본적인 변화를 가져올 비전도, 그럴 의지도 갖고 있지 못합니다.

세계의식

전 세계가 위기에 처한 이러한 상황에서 인류는 새로운 사고방식들을 찾기 시작했습니다. 생득적인 고대의 지혜가 바로 그런 방법들입니다. 그 방법들에서 세계의식(planetary consciousness)은 보조적 개념이 아니라 본질 자체입니다. 이 방법들을 공부할 때 우리는 이 새로운 세계의식이라는 것이 실제로는 아주 오래된 자각임을 깨닫습니다. 단지 지금에야 그것이 재발견되고 있을 뿐입니다.

실로 지금은 세계의식이 재발견되어야 할 때입니다. 전형적인 '표준' 인간 의식이란 오감으로 사로잡는 것이라고 우리는 생각해 왔습니다. 우리는 다른 모든 것들은 가상이라고 간주했습니다. 우리의 육체적인 생명이 끝나는 곳에서 끝을 맞이한다는 것이 일반적 인식이었던 것입니다. 다른 견해들은 신비적이며 비밀스러운 것으로 여겨졌습니다. 이유를 불문하고 우리가 서로에게 속해 있으며, 거대한 전체의 부분들이라는 생각은 문명의 역사에서 예외로 간주되어 왔습니다.

그러나 생각의 역사를 살펴보면, 진실은 그와 정반대임을 알게 될 것입니다. 지난 300년이 넘도록 서양 세계에서 발달했던 환원주의와 기계적이고 단편적인 사고는 일반적이 아니라 예외적이었습니다. 다른 문화들은 서구의 이런 관점에 동의하지 않습니다. 심지어 서양에서조차 자연에 대한 뉴턴의 철학을 적용(오히려 부적용이라는 표현이 적합하다)시킨 기계적인 세계관이 출현하기 전에는 그런 관점을 가지고 있지 않았습니다.

서양 세계는 물론이고 다른 문화권에서도 공통적이었던 것은 소속 의식, 단일 의식이었습니다. 대부분의 전통적인 문화에서는 우연히 발생하는 일시적 이익을 제외하고는 사람들에게 아무런 공통점이 없다는 것에 동의하지 않습니다.

모든 지혜의 전통에서 그 고유한 뿌리는 세계의식에 대한 관념입니다. 이 표현은 한 인간으로서, 이 지구상의 한 시민으로서 우리들의 공통된 운명을 자각하고 있음을 의미합니다. 우리의 존재를 지속시키려 한다면, 우리 자손들에게 안전하고 안정적인 미래를 보장하고자 한다면, 우리는 세계의식을 조성해야만 합니다.

더 나아가 우리는 하나된 인류 가족, 지구 문명을 창조할 수 있도록 하는 사고방식을 장려해야 합니다. 그러나 이 문명이 모든 사람들이 똑같은 사고를 좇고, 한 사람 혹은 한 국가가 그 사고를 다른 모든 사람에게 강요하는 획일적이고 자유 없는 문화가 되어서는 안 됩니다. 반대로, 그것은 다양한 문명이어야 하며, 그 문명의 요소들을 함께 결합하기 위해 그 안에서 전체 체계, 즉 세계 인류 문명을 지탱하고 발달시켜야 합니다.

이런 다양성은 조화의 요소이자 평화의 본질입니다. 존속해온 모든 사회에는 그러한 다양성이 존재했습니다. 오직 서양 사회와 서양화된 사회에서만 그것이 잊혀져 왔을 뿐입니다. 기술적이고 경제적인 발전을 이룩하는 과정에서 통합성, 즉 체계의 동일성이 무너져온 것입니다. 이제 우리가 그것을 회복시켜야 합니다.

미하엘 라이트만 박사의 저서들을 통하여 내가 배운 것은 카발라가 본질적으로 인류와 우주의 통합성과 동일성의 개념을 장려

할 뿐만 아니라, 그것을 잃어버렸을 때 회복시킬 수 있는 실용적 방법을 제시하고 있다는 점입니다. 이 책은 고대의 지혜에 대한 일반적 지식을 넘어서 훨씬 더 많은 것을 제공해주기 때문에 진심으로 신중하게 읽기를 권유하고 싶습니다. 뿐만 아니라 전 세계를 파국으로 치닫게 하는 길과 평화, 조화, 복지와 안정의 세상으로 이끌 수 있는 진화적 길이라는 전례 없이 힘겨운 선택의 기로에 서 있는 우리에게 인류의 복지를 확신할 수 있는 해답을 제공하고 있습니다.

에르빈 라슬로(Ervin Laszlo)

contents

서문 | 조화로운 삶을 위한 평화의 메시지 ········· 05

❶ 카발라 – 그때와 지금 ········· 17
  마스터플랜 ········· 19
  과학의 발상지 ········· 22
    다른 경로들 ········· 24
    커다란 의문들 ········· 24
  카발라가 들어서는 자리 ········· 25
    변화의 엔진 ········· 26
    운전자석 차지하기 ········· 27
  찾을 수 없는 숨바꼭질 ········· 30
    세계 위기는 해피엔딩이 될 수 있다 ········· 32
    이기주의는 절망의 딜레마이다 ········· 32
  이타주의의 필요성 ········· 34
    넓어지는 지각 ········· 37
    지금이 때이다 ········· 38
  요약 ········· 40

❷ 가장 큰 소망 ········· 43
  성장을 위한 출발점 ········· 46
    닫혀 있는 문 너머로 ········· 48
    욕구의 진화 ········· 50
  욕구 다루기 ········· 53
    새로운 욕구의 등장 ········· 55
    새로운 욕구를 위한 새로운 방법 ········· 56
    틱쿤 – 받으려는 의지의 교정 ········· 58
  요약 ········· 61

❸ 창조의 기원 ··· 63
영적 세계 ··· 66
    기본 네 단계 ··· 68
창조의 생각에 대한 탐구 ··· 74
경로 ··· 79
아담 하 리숀-공공의 영혼 ··· 85
요약 ··· 88

❹ 우리의 우주 ··· 91
피라미드 ··· 94
    위에서처럼 아래에서도 ··· 96
사다리 위에는 ··· 98
영적인 욕구 ··· 103
요약 ··· 111

❺ 누구의 현실이 현실인가 ··· 113
카발라 공부의 세 가지 경계선 ··· 118
    첫번째 경계선-우리가 지각하는 것 ··· 118
    두번째 경계선-우리가 지각하는 곳 ··· 119
    세번째 경계선-지각하는 사람 ··· 120
현실에 대한 지각 ··· 123
    존재하지 않는 현실 ··· 126
    측정 기구 ··· 129
    여섯번째 감각 ··· 131
    길이 있는 곳에 뜻이 있었다 ··· 134
    창조의 생각 ··· 137
    레쉬못-미래로 되돌아가다 ··· 139
요약 ··· 143

6 자유로 가는 좁은 길 ·············· 147
　동트기 전의 암흑 ·············· 151
　　네 단계를 거쳐서 오는 훌륭한 신세계 ·············· 156
　한계 인식하기 ·············· 160
　　삶의 고삐 ·············· 163
　　나의 변화를 위한 사회의 변화 ·············· 165
　네 가지 요인 ·············· 167
　교정을 위한 올바른 환경 선택하기 ·············· 171
　　카발리스트들은 무정부주의자가 아니다 ·············· 176
　이기심의 불가피한 죽음 ·············· 177
　　치료 ·············· 180
　　거짓 자유 ·············· 182
　　자유 선택을 위한 조건들 ·············· 184
　자유로운 선택의 이행 ·············· 186
　　믿음 ·············· 186
　　이성 ·············· 187
　요약 ·············· 190

브네이 바루흐에 관하여 ·············· 193
옮긴이의 글 | 우리 시대를 위한 고대의 지혜 ·············· 197

카발라
-그때와 지금

마스터플랜

과학의 발상지

카발라가 들어서는 자리

낮을 수 없는 숨바꼭질

아바수위의 필요성

함의

마스터플랜

카발라가 할리우드 유행이라는 과대 선전으로 시작된 것이 아님은 이미 알려진 사실이다. 실제로 카발라는 수천 년간 우리 곁에 있었다. 처음 카발라가 출현했을 때만 해도 인류는 지금보다 훨씬 더 대자연과 가까웠다. 인간은 자연과 친밀감을 느꼈고, 그러한 자연과 관계를 키워나갔다.

당시에는 자연으로부터 떨어져 있을 이유가 거의 없었다. 인류가 오늘날처럼 자기중심적이거나 자연환경과 소원하지 않았기 때문이다. 그 시대의 인류는 진정으로 분리할 수 없는 자연의 한 부분이었으며, 그 친밀함을 가치 있게 느꼈다. 여기에 덧붙이자면 당시의 인류는 안전하게 느낄 만큼 자연에 대해 충분히 알지 못했다. 대신 그 때문에 자연을 우리 자신의 힘보다 우월한 것으로 여겼으며 그러한 자연의 힘을 두려워하였다. 자연과 친숙하면서 다른 한편으로는 자연에 대한 두려움을 느끼며 인간은 주변 세상에 대해 배우기를 갈망했을 뿐만 아니라, 이보다 훨씬 중요하게도 무엇 혹은 누가 그 세상을 지배하는지 알고자 열망했다.

당시의 인류는 오늘날 인간이 살아가는 것과는 달리 자연의 요소들로부터 숨을 수도 없었고 어려움을 피해갈 수도 없었다. 따라서 가장 중요한 자세는 자연과 친밀하게 지내는 동시에 자연에 대한 두려움을 갖는 것이었다. 이는 많은 사람들을 위한, 그리고 우연하게도 우리 모두를 위한 자연의 계획을 찾고 발견하도록 부추겼다.

자연의 연구에 참가한 선구자들은 자연이 실제로 목적을 가지고 있는지, 또 그러하다면 마스터플랜 속에서 인류의 역할은 무엇인지를 알고 싶어 했다. 그 마스터플랜에 대해 가장 높은 수준의 이해를 얻은 사람들은 카발리스트라고 알려져 있었다.

그 훌륭한 선구자들 가운데 한 사람이 바로 아브라함(Abraham)이었다. 그가 마스터플랜을 발견했을 때 그는 그것을 깊이 있게 연구했을 뿐만 아니라 맨 처음으로 그것을 다른 사람들에게 가르쳐 주었다. 그는 자연의 계획을 완전히 이해하는 것만이 사람들의 두려움과 불행을 물리칠 유일한 무기임을 깨달았던 것이다. 이를 깨닫자마자 그는 배우려는 의지가 있는 사람은 누구이든 가르치는 데 전념했다. 이런 이유로 아브라함은 카발라 스승들이라는 그룹을 시작한 첫 카발리스트가 되었다. 가장 훌륭한 학생들이 다음 세대의 스승이 되었고, 그런 다음 그들은 다음 세대의 학생들에게 지식을 전했다.

 카발리스트들은 마스터플랜의 설계자를 '창조주', 마스터플랜 자체를 '창조의 생각'이라고 부른다. 중요한 것은 카발리스트들이 자연 혹은 자연의 법칙을 이야기할 때 그것이 창조주에 대해 말하고 있다는 것이다. 동시에 그들이 창조주에 대해 이야기할 때 그것은 자연 혹은 자연의 법칙에 대해 말하고 있다는 것을 의미한다. 창조주, 자연 혹은 자연의 법칙이라는 말은 같은 뜻이기 때문이다.

> 카발리스트(Kabbalist)라는 표현은 히브리어의 카발라(Kabbalah, 받음)에서 왔다. 카발라 본래의 언어인 히브리어는 영적인 것들에 대해 의사소통을 하는 데 도움을 주기 위해 카발리스트들이 특별히 개발한 언어이다. 많은 카발라 서적들이 다른 언어로 쓰이기도 하였으나 근본적인 표현들은 항상 히브리어로 표기된다.

 카발리스트들에게 창조주라는 단어는 초자연적인 별개의 실체가 아니라 더 높은 수준의 지식을 추구하는 사람이 도달해야 할 다음 단계를 의미한다. 창조주는 히브리어로 보레(Boreh)이고, 이는 보(Bo, 오다)와 레(Re'eh, 보다)라는 두 단어의 합성어이다. 그러므로 창조주라는 단어는 영적 세계를 경험하도록 하기 위한 사적인 초대를 의미한다.

과학의 발상지

최초의 카발리스트들이 습득한 지식이 단순히 배후에서 작용하는 것들을 이해할 수 있도록 도운 것만은 아니다. 그들은 그 지식을 가지고 우리 모두가 부닥치는 자연현상들을 설명할 수 있었다. 그러므로 그들은 스승이 되고, 그들이 우리에게 전해준 지식이 고대와 현대 과학의 기초가 되었던 것이다.

혹자는 카발리스트가 희미한 촛불이 밝혀진 방에서 마법의 경전을 쓰고 있는 세상으로부터 격리된 사람이라고 상상했을지도 모른다. 실제로 20세기 말까지만 해도 카발라가 비밀에 싸여 있었던 것은 사실이다. 카발라에 대한 은밀한 학습법이 카발라의 본질을 둘러싼 수많은 이야기와 전설을 만들어냈다. 그 대부분의 이야기들이 허위임에도 불구하고 이른바 가장 엄격한 사고를 가진 사람들조차도 혼란스러워하는 것이 사실이다.

위대한 수학자이자 철학자인 고트프리트 라이프니츠(Gottfried Leibnitz)는 어떻게 카발라가 비밀스러운 경향을 갖게 되었는지에 대한 자신의 생각을 다음과 같이 솔직하게 표현했다. "비밀을 열 올바른 열쇠가 인간에게 없었기 때문인데 그 지식에 대한 목마름이 궁극적으로 모든 종류의 하급학문(중세 대학의 7교양 과목 중 하급의 3학과로 문법, 수사학, 논리—옮긴이)과 미신들에까지 격하되었다. 그로 인해 마법이라는 거짓된 이름

아래 다양한 환상들은 물론, 진정한 카발라와 전혀 관계가 없는 천박한 카발라라고 할 수 있는 것이 세상에 나왔고, 서적들 또한 넘쳐났다."

그러나 카발라가 항상 비밀에 싸여 있었던 것은 아니다. 역사상 최초의 카발리스트들은 그들의 지식에 대해 매우 개방적이었으며 동시에 사회에도 적극적으로 참여했다. 카발리스트들이 당시 국가의 지도자가 되는 일도 빈번했다. 위대한 카발리스트이자 훌륭한 지도자로 가장 잘 알려진 예는 아마도 다윗 왕(이스라엘의 2대 왕이며, 지혜의 왕인 솔로몬의 아버지―옮긴이)일 것이다.

카발리스트들은 사회에 참여하여 그 시대 학자들이 우리가 서양 철학이라고 알고 있는 기초를 세우는 데 도움을 주었으며, 이것이 나중에 현대 과학의 바탕이 되었다. 인본주의자이자 고전학자이며 고대 언어와 전통의 전문가인 요하네스 로이힐린(Johannes Reuchlin)은 이와 관련하여 《카발라의 방법De Arte Cabbalistica》에서 다음과 같이 저술하고 있다. "철학의 아버지라 불리는 나의 스승 피타고라스는 카발리스트들로부터 가르침을 가져왔다. ……그는 그 시대 사람들에게 생소했던 카발라라는 단어를 최초로 그리스어로 철학이라고 번역했다. ……카발라는 우리를 세속의 먼지 속에 묻혀 살도록 내버려두지 않고, 우리 정신을 지식의 높이로 끌어올린다."

다른 경로들

그러나 모든 철학자가 카발리스트는 아니었다. 카발라를 공부하지 않은 철학자들은 카발라 지식의 깊이를 충분히 이해할 수 없었다. 그 결과 매우 특별한 방법으로 개발되고 다뤄졌어야 할 지식이 그릇된 방법으로 개발되고 다뤄졌다. 또한 카발리스트가 존재하지 않았던 세계 곳곳에 카발라의 지식이 이동함으로써 그 지식은 다른 경로를 따랐다.

그러므로 인류는 우회해온 셈이다. 비록 서양 철학이 카발라 지식의 부분들을 혼합하였으나 그것은 전혀 다른 방향으로 나가는 결과를 낳고 말았다. 서양 철학은 우리가 오감으로 인지하는 물질 세계를 연구하는 과학들을 배출했다. 그러나 카발라는 우리의 감각들이 지각하는 것들 너머에서 일어나는 일을 연구하는 과학이다. 강조하는 점을 바꾸었기 때문에 인류는 카발리스트들이 습득한 본래의 지식으로부터 반대 방향으로 나아갔다. 이 방향의 변화가 인류를 우회하게 이끌었는데, 그 결과들에 대해서는 다음 장에서 자세히 살펴볼 것이다.

커다란 의문들

카발라가 2000년 전쯤 자취를 감춘 이유는 단순하다. 더 이상 카발라에 대한 필요가 없었기 때문이다. 그때부터 인류는 유일신 종교에 이어 과학에 전념했다. 종교와 과학은 인간의 가장 근본적인 물음, 즉 '우주에서, 이 세상에서 우리의 자리는 어디인가?', '우리 존재의 목적은 무엇인가?' 즉 '우리는 왜 태어났는가?' 란 물음에 답하기 위해 창조되었다.

  오늘날 그 어느 때보다 많은 사람들이 2000년간 일궈온 수확만으로 자신들의 요구를 충족하기란 불가능하다는 것을 느끼고 있다. 종교와 과학이 제공하는 대답만으로 완전히 만족할 수 없다는 뜻이다. 사람들은 삶의 목적에 대한 가장 기본적인 물음의 해답을 다른 곳에서 찾으려 한다. 그들은 시선을 동양의 가르침, 운세, 마술, 신비주의 등으로 돌리고 있으며, 그 가운데 소수는 카발라에 귀를 기울이고 있다.

  카발라는 이 같은 근원적인 의문들에 답하기 위하여 체계화되었다. 카발라의 지혜는 이런 의문들에 직결된 해답을 제공하고 있다. 삶의 의미에 대한 고대적 해답들을 재발견함으로써 우리는 카발라에서 철학 쪽으로 방향을 바꿈으로써 야기되었던 인류와 자연 사이의 단절을 문자 그대로 개선할 수 있다.

카발라가 들어서는 자리

  카발라는 5000년 전쯤 지금의 이라크가 자리 잡고 있는 고대 국가 메소포타미아에서 출현했다. 메소포타미아는 카발라뿐만 아니라 모든 고대의 가르침과 신비주의의 탄생지이기도 하다. 그 시대 사람들은 여러 다른 종류의 가르침에 믿음을 두었고, 한 번에 하나 이상의 가르침을 따르는 경우도 허다했다. 점성학, 운세, 수점, 마법, 주문, 악령 같은 것들이 고대 세계의 문화 중심지인 메소포타미아에서 발달하고 번성했다.

그들은 자신들의 믿음에 만족하고 있었으므로 변화의 필요성을 느끼지 못했다. 다만 안정되고 즐거운 삶을 영위하기 위해 무엇을 해야 할지 단순히 알고 싶었을 뿐이다. 그들은 삶의 근원에 대한 질문은커녕, '삶의 법칙을 창조한 것은 누구, 혹은 무엇인가?'와 같은 중대한 의문조차 제기하지 않았다.

처음에는 이것이 사소한 차이로 여겨질 수도 있다. 그러나 삶에 대해 궁금해 하는 것과 삶을 구체화시키는 법칙들에 관한 의문을 제기하는 것은 전혀 다른 수준의 지식을 요한다. 그것은 마치 자동차 운전에 대해 배우는 것과 자동차를 제조하는 법을 배우는 것의 차이와 같다.

변화의 엔진

욕구들은 갑자기 나타나는 것이 아니다. 욕구란 내면에서 무의식적으로 형성되어 '피자가 먹고 싶다'처럼 정의 가능한 무엇이 될 때 겉으로 드러난다. 그 이전에는 욕구를 느끼지 못하거나 기껏해야 일상적인 불안감으로 느낀다. 무엇인지는 확실히 몰라도 무언가를 원하는 느낌을 경험한 적이 있을 것이다. 그것이 바로 아직 무르익지 않은 욕구이다.

플라톤은 "필요는 발명의 어머니다."라고 말한 바 있다. 그는 옳았다. 이와 비슷하게 카발라는 우리가 어떤 것을 배울 수 있는 유일한 방법은 먼저 그것을 배우려는 욕구를 가지는 것이라고 가르친다. 무언가를 원할 때 그것을 얻기 위해 온갖 노력을 기울인다는 아주 단순한 공식이다. 우리는 시간을 내고 에너지를 끌어모아 필요한 기술을 익힌다. 결국 변화의 엔진은 욕구라는 것이 밝혀진다.

욕구가 진화하는 길은 전 인류의 역사를 정의할 뿐만 아니라 그 인류의 역사를 설계하는 것이다. 욕구가 발달할수록 그 욕구의 발달은 인간이 그 욕구를 충족시키기 위해 자신들의 환경을 연구하도록 장려한다. 미네랄이나 동식물과는 달리 사람들은 끊임없이 진화한다. 세대를 거듭할수록 각 개인들에게 있어서 욕구들은 점점 강화되어만 간다.

운전자석 차지하기

이 변화의 엔진은 0에서 4까지 다섯 단계로 구성된다. 카발리스트들은 이 엔진을 '기쁨을 받으려는 의지' 혹은 단순히 '받으려는 의지' 라고 부른다. 카발라가 처음 등장한 5000년 전에는 받으려는 의지가 0의 수준이었다. 하지만 오늘날 우리는 가장 강렬한 수준인 4의 수준에 있다. 이를 추측하기는 어렵지 않다.

받으려는 의지가 0의 수준에 있었던 초기에는 욕구 자체가 그다지 강하지 않았으므로 인간이 자연으로부터, 서로로부터 멀어지지 않았다. 당시에는 오늘날 우리들 다수가 돈을 내고 명상수업에서 다시 배워야 하는(그것도 항상 성공적인 것은 아니지만) '자연과 하나됨' 이 자연스러운 삶의 방법이었다. 사람들은 다른 방법을 알지도 못했다. 그들은 자연으로부터 분리될 수 있다는 생각도 하지 못했으며 그것을 원하지도 않았다.

인류와 자연, 인간과 인간 사이의 의사소통이 물 흐르듯 고르게 흘러갔기에 말로 표현할 필요조차 없었다. 대신 사람들은 텔레파시와 같은 생각으로 의사소통을 했다. 그것은 단합의 시대였고, 전 인류는 한 국가와 마찬가지였다.

그러나 메소포타미아에서 변화가 일어났다. 사람들의 욕구가 커가기 시작했고, 그들은 더 이기적이 되었다. 사람들은 자연을 변화시켜 자신들을 위해 이용하고 싶었다. 자연에 자신들을 적응시키는 것이 아니라 점차 자신들의 필요에 맞게 자연을 변화시키기를 원하게 되었다. 결국 그들은 점점 자연으로부터 멀어져 갔고 자연과 분리되고 격리되어 갔다. 수많은 세기를 지난 오늘날 우리는 이것이 결코 좋은 생각이 아니었음을 발견하고 있다. 단순하게 말해, 그런 식으로는 더 이상 안 된다.

　사람들이 자신의 환경과 사회에 반발하기 시작하였으므로 자연을 가정으로, 다른 사람들을 혈육으로 느끼지 않게 된 것은 당연한 일이었다. 증오가 사랑의 자리를 차지했고, 사람들은 점점 서로에게서 멀어져갔다.

　그 결과 고대 세계의 단일 국가는 분리되었다. 처음에는 동과 서 두 집단으로 쪼개졌다. 그 두 집단은 계속해서 찢어졌으며 결과적으로 우리가 오늘날 이룬 많은 국가들을 형성하기에 이르렀다.

　가장 명확한 분리의 징후 가운데 하나는 수많은 언어들의 발생이었다. 이 다른 언어들은 사람들을 서로 떼어놓았고, 혼란과 부작용을 초래했다. 히브리어로 혼란은 '빌불(Bilbul)'인데, 메소포타미아의 수도가 바벨(Babel, 바빌론)이라는 이름을 얻은 것도 그 혼란을 표현하기 위해서였다.

　우리 욕구가 0의 수준에서 1의 수준으로 커졌던 그 쪼개짐 이후부터 우리는 자연과 대립해 왔다. 계속 증가하는 이기심을 고쳐서 자연, 즉 보레와 하나로 남아 있는 대신에 우리는 그로부터 자신들을 보호하기 위해 기계적이고 기술적인 방패를 만들어왔다. 우리가 과학과 기술을 발달시킨 최초의 이유도 자연의 요소들로부터 확실히 우리의 생존을 방어하기 위해서였다. 사실상 보레를 지배하고 운전자석을 차지하기 위해서 우리는 알든 모르든 노력하고 있는 셈이다.

이 모든 '빌불(혼란)'이 생겨났던 그때 아브라함은 바빌론에 살면서 작은 인형을 만들어 파는 아버지의 가게 일을 도왔다. 고대 세계의 뉴욕이라고 할 수 있는 바빌론에서 번창한 이 모든 시끄러운 사상의 뒤범벅에 아브라함이 깊이 연관되어 있었음을 쉽게 알 수 있다. 아브라함은 이 혼란을 통해서 '누가 이 수도의 주인인가?'라는 끈질긴 물음을 던지게 되었고, 그에 대한 해답이 아브라함으로 하여금 자연의 법칙을 발견하도록 도왔다. 이 혼란과 격리에 목적이 있음을 깨달은 그는 즉시 귀 기울일 의향이 있는 모든 사람들에게 그것을 가르쳐주었다.

찾을 수 없는 숨바꼭질

인류 역사에서 이기주의의 수준은 계속 높아져왔으며, 수준이 높아짐에 따라 매번 우리는 자연(보레, 창조주)으로부터 멀어져 왔다. 카발라에서 거리감은 인치나 미터가 아니라 본질로 측정한다. 보레의 본질은 완전함, 하나됨, 베풂이지만 오직 우리가 그러한 본질을 함께할 때에만 그를 느낄 수 있다. 내가 자기중심적이라면 보레와 같은 완전하고 이타적인 그 무엇에 연결하기란 불가능하다. 그것은 마치 등을 맞대고 서 있으면서 서로를 보려고 시도하는 것과 같다.

보레와 등을 맞대고 서 있으면서 여전히 그를 지배하려 하므로 우리가 시도하면 할수록 더 절망적이 되는 것은 당연하다. 우리가 보거나 느낄 수도 없는 어떤 것을 지배할 수 없다는 것은 명확한 일이기 때문이다. 우리가 180도 전환하여 반대 방향을 쳐다보고 그를 찾지 않는 이상 이 욕구를 만족시킬 방법은 없다.

많은 사람들은 이미 부와 건강, 무엇보다 내일의 안전에 대한 기술의 약속에 점점 실망하고 싫증을 느끼고 있다. 극소수의 사람들만이 이를 성취했지만 그들조차도 내일에 대한 확신을 못하고 있다. 이런 상황에서 그나마 다행인 것은 우리가 방향을 다시 점검하고, '우리가 지금껏 잘못된 길을 걸어왔을 가능성이 있는가?' 라는 물음을 던질 수 있다는 점이다.

오늘날 우리는 직면한 위기와 곤경을 인정함으로써 우리가 선택해 온 길이 막다른 길이었음을 공공연하게 인정할 수 있다. 기술을 선택하여 자연에 대립하는 우리의 자기중심주의를 보상하기보다는 우리의 이기주의를 이타주의로 변화시켜 결과적으로 자연과 하나가 되어야 한다.

카발라는 이런 변화에 틱쿤(Tikkun, 고침, 교정)이라는 표현을 쓴다. 우리가 보레와 반대된다는 점을 깨닫는 것은 5000년 전 인간들 사이에서 일어난 쪼개짐을 인정해야 함을 의미한다. 이것을 '악의 인지' 라고 한다. 쉽지는 않지만 이것이 진정한 행복과 건강을 향한 첫걸음이다.

세계 위기는 해피엔딩이 될 수 있다

메소포타미아에서 찢겨져 나온 두 파벌은 지난 5000년간 각각 다양한 문명으로 진화했다. 두 기본 집단 가운데 하나는 우리가 흔히 말하는 '서양 문명', 또 다른 하나는 '동양 문명'이 되었다.

두 문명 간의 충돌 악화는 첫 분리에서 시작된 과정의 최고조를 반영한다. 이기주의가 점점 커져 그 구성원을 격리시켰기 때문에 5000년 전에 단일 국가는 분리되었다. 지금은 이 '국가'―인류―가 단결해서 다시 한 번 하나의 국가가 될 때다. 우리는 여전히 지난 수천 년 전에 발생했던 그 한계점에 있지만 그때보다 훨씬 더 상황을 의식하고 있다.

카발라의 지혜에 따르면 이 문명 충돌과 고대 메소포타미아에서 넘쳐났던 신비적인 믿음들의 재현은 새 문명을 향한 인류의 재결합의 시작을 알려주고 있다. 오늘날 우리 모두는 우리가 연결되어 있고, 그 쪼개짐 이전에 존재했던 상태를 회복해야 한다는 것을 깨닫기 시작하고 있다. 단절된 인류를 재건함으로써 우리는 자연, 즉 보레와의 연결 또한 재건할 수 있을 것이다.

이기주의는 절망적인 딜레마이다

신비주의가 번창했던 시기 동안 카발라의 지혜가 발견되었고,

그 지혜는 우리의 이기주의가 성장하는 것과 그러한 결과를 가져오는 것에 대한 지식을 제공했다. 카발리스트들은 존재하는 모든 것은 자아 만족을 향한 욕구로 구성되어 있다고 가르쳤다.

그러나 이런 욕구들은 자기중심적이라는 그들의 자연적 형태로는 충족될 수 없다. 그 이유는 우리가 욕구를 만족시키면 우리는 그것을 제거하게 되고, 무엇에 대한 욕구를 제거하면 우리가 더 이상 그것을 즐길 수 없기 때문이다.

예를 들어 당신이 제일 좋아하는 음식을 생각해 보라. 유명한 레스토랑에 편안히 앉아 웃음을 머금은 종업원이 접시를 당신 앞에 가져와 탁자에 놓는 것을 본다. 음……. 그 맛있고 익숙한 향기란! 여전히 즐기고 있는가? 당신의 몸은 즐기고 있다. 그렇기 때문에 음식을 생각하는 것만으로도 군침이 절로 도는 것이다.

그러나 당신이 먹기 시작하는 순간 기쁨은 줄어든다. 배가 불러올수록 먹는 기쁨은 작아진다. 마침내 배가 채워지면 당신은 더 이상 음식을 즐기지 않고 그만 먹게 된다. 배가 불러서 그만 먹는 것이 아니라 이미 채워진 배로 계속 먹는 것은 즐거운 일이 아니기 때문이다. 이것이 바로 원하는 것을 가지면 더 이상 그것을 원하지 않게 되는 이기주의의 절망적인 딜레마이다.

우리는 기쁨 없이 살 수 없기 때문에 더 새롭고 더 큰 기쁨들을 찾아나서야 한다. 충족되지 않은 새로운 욕구들을 개발하고자 하는 것이다. 그것은 악순환이다. 더 원할수록 더 공허함을 느끼는 것은 분명하다. 그리고 공허함을 느낄수록 더 절망적이 되는 것도 분명하다.

지금 우리는 역사상 가장 강렬한 욕구의 수준에 있다. 그래서 분명히 선조들에 비해 훨씬 더 많이 가졌음에도 불구하고 어느 시대보다 더 불만족스러워한다는 결론에 이르게 된다. 한편으로는 많은 것을 가진 동시에 또 한편으로는 불만이 커져가는 이 대조가 오늘날 우리가 겪고 있는 위기의 본질이다. 더 이기적이 되어 갈수록 공허 역시 커지고 위기는 점점 고조되어 간다.

이타주의의 필요성

본래 모든 사람은 내적으로 연결되어 있었다. 인류는 하나의 인간이라고 생각하고 느꼈으며, 이것은 자연이 우리를 대하는 방법과 동일한 자세였다. 이 '집단적인' 인간을 '아담' 이라 부르는데, 이것은 히브리어의 '도메(Domeh, 비슷하다)' 에서 비롯되었다. 애초에 우리는 일치되어 있었음에도 불구하고 우리의 이기주의가 커질수록 하나라는 느낌을 점점 잃어 갔고 서로에게서 멀어지게 된 것이다.

카발라 책은 우리가 서로 분리되고 증오하게 되었다는 것을 깨달을 때까지 우리의 이기주의가 커가는 것을 놔두는 것이 자연의 계획이라고 설명한다. 먼저 우리 스스로가 단일체라고 느껴야 하고, 그런 다음에 이기적이고 동떨어진 개인들로 분리되어야 한다는 것이 그 계획 뒤에 놓인 논리이다. 오직 그런 후에만 우리가 보레와 정반대되고 완전히 이기적인 존재임을 깨달을 것이다.

뿐만 아니라 이것이 이기주의는 그릇되고 불만족스러우며 궁극적으로 절망적이라는 것을 우리가 스스로 깨달을 수 있는 유일한 방법이다. 이미 언급한 것처럼 이기주의는 우리를 자연과 분리시키고 우리 서로를 멀어지게 한다. 이러한 상황을 변화시키려면 우리가 먼저 이것이 사실이라는 점을 깨달아야 한다. 그럴 때 우리는 변화를 원하게 되고, 독립적으로 스스로를 모든 인류와 자연—보레—에 재연결된 이타주의자들로 전환시킬 길을 모색하려 할 것이다. 이미 설명한 대로 욕구야말로 변화의 엔진이다.

● ● ●
─────────────────────────

카발리스트 예후다 아쉴락은 상위의 빛이 욕구 안으로 들어오고 나가는 것이 베셀(vessel, 그릇)을 그 목적, 이타적 목적에 적합하게 한다고 서술한다. 다른 말로 우리가 보레와 하나됨을 느끼기 원한다면 우리는 먼저 그와 하나가 된 후에 이 하나됨을 잃는 경험을 해야 한다. 두 가지 상태를 모두 겪음으로써 우리는 의식적인 선택을 할 수 있다. 그러므로 자각은 진정한 하나됨의 필수 조건이다. 이 과정을 어린아이에 비유할 수 있다. 어린아이는 아기일 때 부모에게 연결되어 있음을 느끼지만 청소년기에는 반항을 한다. 그러다 마침내 성인이 된 후에는 자신의 성장 과정을 이해하고 받아들인다.

사실상 이타주의는 선택의 여지가 없다. 우리가 이기적이 되거나 혹은 이타적이 되기를 선택할 수 있는 것처럼 보일 따름이다. 자연을 연구해 보면 이타주의는 가장 근본이 되는 자연의 법칙이라는 점을 발견할 수 있다. 예를 들어 몸속의 각 세포는 본래부터 이기적이다. 그러나 생존을 위해 각 세포는 이기적 경향을 제거해야만 한다. 스스로의 존재뿐만 아니라 몸 전체의 삶을 경험한다는 것이 그 세포에 대한 보상이다.

우리도 서로 간에 이와 비슷한 연결을 진전시켜야 한다. 유대를 잘 할수록 우리는 잠시 스쳐가는 육체적 존재가 아니라 '아담'이라는 영원의 존재를 더 강하게 느낄 수 있을 것이다.

특히 오늘날 이타주의는 우리가 생존하는 데 필수적인 수단이 되었다. 우리가 모두 연관되어 있고 상호 의존하고 있음은 명백해졌다. 이 의존성은 참신하고 매우 정확한 이타주의의 정의를 내리게 한다. 인류를 단일체로 연결시킬 필요에서 나오는 모든 행위나 의도는 이타주의라고 간주된다. 반대로 인류를 일치시키는 데 초점을 맞추지 않는 행위나 의도는 이기주의다.

이 세상에서 발견되는 모든 고통의 근원은 우리가 자연과 반대된다는 점에 있다. 자연 혹은 미네랄, 식물, 동물과 같은 다른 모든 것들은 자연의 이타적 법칙을 본능적으로 따른다. 오직 인간의 행위만이 나머지 자연과 보레에 대척된다.

더 나아가 우리 주위에서 볼 수 있는 고통은 우리 자신들만의 것이 아니다. 자연의 모든 다른 부분들도 우리의 그릇된 행위로부터 고통을 받는다. 자연의 각 부분이 본능적으로 그 법칙을 따르는데 오직 인간만이 그렇지 않다. 결국 인간은 자연 속에서 유일하게 부패한 존재이다. 우리가 이기주의에서 이타주의로 스스로를 변화시킬 때 환경, 기아, 전쟁, 사회 전반의 문제가 해결될 것이고, 다른 모든 것들이 제자리를 찾을 것이다.

넓혀지는 지각

이타주의에는 특별한 보너스가 있다. 우리보다 다른 사람들을 먼저 생각한다는 것이 유일한 변화로 보일지 모르지만 사실상 그보다 훨씬 더 큰 혜택이 있다. 우리가 다른 이들을 생각하기 시작할 때 우리는 그들과, 또 그들은 우리와 통합된다.

이렇게 생각해 보라. 오늘날 세계에는 65억 명 정도의 사람들이 살고 있다. 두 손, 두 발, 그것들을 지배하는 뇌 하나 대신에 130억 개의 손, 130억 개의 다리, 그리고 그것들을 움직이는 65억 개의 뇌를 가졌다면 어떻겠는가? 혼란스럽게 들리는가? 사실은 그렇지 않다. 그 모든 뇌들이 하나의 뇌로 작용하고, 그 모든 손은 한 쌍의 손으로 움직일 것이다. 전 인류는 65억 배만큼 능력이 넓혀진 하나의 몸으로 작용할 수 있다.

보너스는 이것뿐만이 아니다. 초인간적 존재에 덧붙여 이타적이 되는 모든 이들은 전능함, 혹은 완전한 기억 능력과 완전한 지식이라는 최상의 선물을 얻게 될 것이다. 이타주의는 보레의 본질이기 때문에 이타주의를 습득하는 것은 우리의 본성을 보레의 본성과 같게 하고, 우리가 보레처럼 생각할 수 있게 한다. 우리는 왜 모든 일들이 일어나고, 언제 발생하며, 다른 식으로 발생하게 하려면 무엇을 해야 할지 알게 되기 시작한다. 카발라에서는 이 상태를 '형태의 동의성'이라고 하며, 이것이 창조의 목적이다.

이 넓혀진 인식의 상태는 태초에 우리가 탄생한 이유이다. 우리가 단결되어 탄생하고 그 후에 쪼개진 존재이기 때문에 다시 하나됨이 가능한 것이다. 하나가 되는 과정 속에서 우리는 자연의 이치를 배우게 되고, 자연을 창조한 사고처럼 현명해진다.

자연과 하나될 때 우리는 자연처럼 영원하고 완전하다는 것을 느끼게 될 것이다. 그 상태에서는 우리 몸이 죽어가는 순간조차도 영원한 자연 속에 지속적으로 존재하는 것을 느끼게 된다. 전체적이고 이타적인 인식이 예전의 자기중심적인 인식의 자리를 차지함으로써 우리는 육체적 생과 사의 영향을 받지 않을 것이다. 우리 자신의 생존은 곧 전체 자연의 생존이 될 것이기 때문이다.

지금이 때이다

카발라의 성서인 《조하르의 책 *The Book of Zohar*》은 2000여 년

전에 씌어졌다. 이 책은 20세기 말에 이르면 인간의 이기주의가 전례 없이 강렬하게 치솟을 것이라고 진술하고 있다.

이미 우리가 경험한 것처럼 원하면 원할수록 우리는 더 공허를 느낀다. 실제로 20세기 말 이후 인류는 사상 최악의 공허감을 느껴오고 있다. 《조하르의 책》은 이런 공허함이 느껴질 때 인류가 이것을 치유하고, 사람들을 만족하도록 도와줄 수단이 필요할 것이라고 예고하고 있다. 그때에 이르면 전 인류가 자연과의 동일성을 통하여 만족을 얻는 수단으로 카발라가 주어질 것이라고 《조하르》는 말한다.

그러나 틱쿤이라는 만족 성취의 과정이 모든 사람에게 동시에, 그것도 전부 한 번에 일어나지는 않을 것이다. 사람이 교정을 원할 때 그것이 일어나게 되는데, 그것은 자기의 자유의지를 통해서 진화하는 과정이다.

어떤 사람이 자신의 이기적인 본성이 모든 악의 근원이라는 것을 깨달을 때 틱쿤은 시작된다. 그것은 아주 사적이고 강렬한 경험이지만 인간으로 하여금 이기주의에서 이타주의로 옮겨가는 변화를 원하게끔 만든다.

언급한 바 있듯이 보레는 우리를 하나의 단결된 피조물로 대한다. 우리는 이기적으로 우리의 목적을 달성하려 노력해 왔지만 오늘날의 모든 문제들이 오직 집단적 이타주의로만 해결될 수 있음을 발견하고 있다. 우리가 이기주의를 자각하면 할수록 우리 본성을 이타주의로 바꾸기 위해 카발라라는 수단을 더 이용하고 싶어질 것이다. 카발라가 처음 출현했을 때 그것을 이용하지 않았지만 지금은 가능한 이유는 그것이 필요하다는 것을 우리가 알고 있기 때문이다.

지난 5000년간 인간의 진화는 한 수단을 시도하고, 그것이 제공하는 쾌락을 조사하여 그것에 환멸을 느끼면 다른 수단을 시도하는 식의 과정이었다. 방법들은 오갔지만 우리는 더 행복해지지 않았다. 이제 최상의 수준의 이기주의를 교정하는 것에 목표를 둔 카발라의 방법이 등장했기 때문에 우리는 더 이상 환멸의 길을 걸을 필요가 없게 되었다. 그저 카발라를 이용하여 우리의 최악의 이기주의를 교정할 수 있고, 다른 모든 수정 작업들은 도미노 현상처럼 따라올 것이다. 그러므로 이 변화가 일어나는 동안 우리는 충족감, 영감, 그리고 행복을 느낄 수 있다.

요약

인간이 존재의 목적에 물음을 던지기 시작한 5000년 정도 전에 카발라의 지혜(받음의 지혜: 카발라는 히브리어 '레카벨' 이라는 동사에서 생겨난 명사)가 처음 출현했다. 존재의 목적을 알았던 사람들은 카발리스트라고 불렸는데, 그들은 삶의 목적과 우주에서 인류의 역할에 대한 해답을 가지고 있었다.

그러나 그 당시 대부분의 사람들의 욕구는 이 지식을 얻기에 너무도 작았다. 인류가 그들의 지혜를 필요로 하지 않음을 알게 된 카발리스트들은 그 지혜를 숨겼고, 모든 이들이 준비가 될 때를 대비하여 이를 비밀스럽게 간직해 왔다. 한편 인류는 종교나 과학 같은 다른 경로들을 일구어 왔다.

점점 많은 사람들이 종교와 과학이 삶의 가장 심오한 물음들에 대한 해답을 제공하지 못한다는 확신을 얻게 된 오늘날 사람들은 다른 곳에서 해답을 찾기 시작했다. 이 시기가 바로 카발라가 기다려왔던 때이고, 존재의 목적에 대한 해답을 제공하기 위해서 카발라가 재현되고 있는 이유이다.

카발라에 따르면 창조주와 동의어인 자연은 완전하고 이타주의적이며 단결되어 있다. 카발라는 우리가 자연을 이해해야 할 뿐만 아니라 우리 내면에 이 존재 방식을 실행하기를 원해야 한다고 설명한다.

또한 카발라는 그렇게 함으로써 우리가 자연과 일치되는 것은 물론이고 그 뒤에 숨겨져 있는 사고, 즉 마스터플랜을 이해할 것이라고 말한다. 우리가 그 마스터플랜을 이해한다면 우리는 그 마스터플랜과 동등하게 될 것이며, 창조주와 같게 하는 것이야말로 창조의 목적이라고 말한다.

가장 큰 소망

카발라의 기원을 이미 살펴보았으므로 이제 카발라가 어떻게 우리와 연관되어 있는지 알아보자.

　이미 많은 사람들이 알고 있겠지만 카발라 공부에는 아주 많은 외국어가 사용되는데 그 대부분이 히브리어이고, 아람어와 그리스어도 조금씩 사용된다. 그러나 반가운 소식은 초보 학습자들은 물론, 중급 학생들조차 이 가운데 몇 단어만 익혀도 아무 지장 없이 카발라를 공부할 수 있다는 것이다. 그 외국어 표현들은 영적 상태들을 의미하지만 우리가 내면에서 이를 경험할 때 그 올바른 명칭들도 발견할 수 있을 것이다.

　카발라는 욕구와 그 욕구를 만족시키는 법에 대하여 이야기한다. 영적 씨앗으로 시작되는 처음부터 생명의 나무로 그 최고점에 이르기까지 카발라는 인간 영혼과 그 성장에 관하여 연구해 왔다. 일단 우리가 그것의 요점을 이해하면 우리 스스로 가슴 속에서 그 나머지를 배울 수 있을 것이다.

성장을 향한 출발점

첫 장을 끝낸 시점에서 시작해 보자. 첫 장에서 우리의 이기주의를 다르게 이용하는 법을 배운다면, 즉 다른 이들과 연결함으로써 하나의 영적 실체를 형성하기 위해 이기주의를 이용한다면 모든 일이 잘 될 것이라고 언급했다. 또한 그런 목적에 꼭 맞게 고안된 카발라라는 방법이 수단으로 존재함을 배웠다.

그러나 주위를 둘러보면 우리는 긍정적인 마무리로 향하고 있지 않다는 것을 너무도 쉽게 눈치챌 수 있다. 우리는 아주 큰 위기에 처해 있다. 비록 우리가 아직 해를 입지 않았다고 하더라도 내일도 무사히 남아 있으리라고 장담하기 어렵다. 우리 자신의 사생활에서든, 우리가 속한 사회에서든, 아니면 자연에서든 위기가 거쳐 가지 않은 곳은 한 군데도 없어 보인다.

위기 자체가 꼭 부정적인 것은 아니다. 그것은 단순히 현재 상태가 고갈되었고, 다음 단계로 옮겨갈 시간이 왔다는 것을 암시한다. 민주주의, 산업혁명, 여성해방, 양자물리학 등은 그들 분야에서의 위기의 결과로 나타났다. 실제로 오늘날 존재하는 모든 것은 지난날 위기의 산물이다.

오늘날의 위기는 예전의 것에 비해 본질적으로 크게 다르지 않지만 훨씬 더 격렬하면서 전 세계적으로 영향을 미친다. 그러나 다른 위기와 마찬가지로 이것은 변화를 위한 기회, 성장을 향한 출발

점이다. 우리가 올바른 길을 선택한다면 모든 역경은 말 그대로 사라져버릴 것이며, 우리는 손쉽게 전 세계를 위해 의식주를 제공할 수 있을 것이다. 또 세계 평화를 이룩하여 이 세상을 변화하고 있는 역동적인 행성으로 만들 수 있을 것이다. 그러려면 우리는 그런 일이 이루어지기를 원해야만 하며, 자연이 우리로 하여금 선택하기를 바라는 것을 선택해야만 한다. 즉 우리가 현재 선택한 분리 대신에 하나됨을 선택해야만 한다.

　우리는 왜 연결되기를 원하지 않는가? 왜 우리는 서로를 멀리하는가? 우리가 더 진보할수록 더 많은 지식을 얻을수록 우리는 더 불만족해 한다. 우리는 우주선을 만드는 법과 분자 크기의 로봇을 만드는 법을 배웠으며, 인간 게놈(genome)의 비밀을 푸는 데도 성공했다. 그런데도 왜 우리는 행복해지는 법을 배우지 못했을까?

　카발라에 대해 배울수록 그것은 항상 모든 것들의 뿌리로 우리를 이끈다는 것을 발견할 수 있을 것이다. 우리에게 어떤 해답을 주기 전에 카발라는 왜 우리가 현재 상태에 처해 있는지를 알려준다. 일단 우리 상황의 근원을 알게 되면 우리는 더 이상의 안내를 필요로 하지 않는다. 그와 같은 식으로 우리가 오늘날까지 배워온 것을 살펴보자. 그러면 아마도 우리가 왜 아직까지 행복으로 가는 열쇠를 찾지 못했는지 발견할 수 있을 것이다.

닫힌 문 너머로

인간…… 만약 인간이 미흡하거나 그릇된 교육을 받는다면 그는 전 지구상에서 가장 야만적인 피조물이 될 것이다.
-플라톤, 《법률The Laws》 중에서

지식은 항상 재산으로 간주되어 왔다. 스파이 활동은 현대 시대의 발명이 아니라 역사의 시작 이래 존재해 왔다. 그것이 존재한 이유는 지식이 항상 알 필요가 있을 때만 정보를 제공하는 식으로 폭로되었기 때문이고, 누가 알 필요가 있는지에 관한 논쟁이 유일했다.

과거에는 지식을 가진 사람들을 현자(賢者)라 불렀고, 그들이 소유한 지식은 자연의 비밀들이었다. 현자들은 지식을 가치 없다고 여기는 사람들에게 발각될 것을 우려하여 자신들의 지식을 숨겼다.

그러나 우리가 어떻게 누가 알 자격이 있는지 결정하겠는가? 내가 독점적인 정보를 좀 가졌다고 해서 그것을 숨길 권한이 내게 있는가? 어느 누구도 자신이 알 자격이 없다는 데 동의하지 않을 것이다. 따라서 우리는 원하는 정보라면 가리지 않고 '훔치려고' 애쓴다. 비록 그것이 공공연하게 접근할 수 없다 하더라도…….

물론 항상 그랬던 것만은 아니다. 이기주의가 최상의 수준에 다다르기 전에는 사람들이 자신들의 이득을 생각하기 전에 공공의 혜택을 고려했었다. 그들은 스스로가 아닌 전체 자연과 전 인류에 연관되어 있음을 느꼈다. 그들에게는 이것이 자연스러운 삶의 방식이었다.

오늘날 우리의 사고는 과감하게 변화했고, 우리는 모든 것을 알 자격과 모든 것을 할 자격이 있다고 믿는다. 이것이 우리 이기주의의 수준이 자동적으로 지시하는 점이다.

사실은 인류가 욕구의 네번째 수준에 이르기 전에도 학자들은 돈, 명성, 권력 같은 물질적 이익을 위해 그들의 지혜를 팔기 시작했다. 물질적 유혹이 커져갈수록 사람들은 더 이상 검소한 삶의 방식을 지속하면서, 전적으로 자연을 연구하는 데 모든 노력을 쏟을 수 없게 되었다. 대신 이 현명한 사람들은 물질적 쾌락을 얻기 위해 그들의 지식을 이용하기 시작했다.

기술의 발달과 이기심의 질주에 힘입어 오늘날 지식의 오용은 일반적인 것이 되었다. 그러나 기술이 발달할수록 우리는 환경과 우리 스스로에게 더 위험한 존재가 되어 왔다. 권력을 가질수록 우리가 원하는 것을 차지하기 위해 그 권력을 사용하려는 유혹이 더 커지기 때문이다.

이미 언급한 바 있듯이 받으려는 욕구는 네 단계의 강도로 구성되어 있다. 욕구가 강해질수록 우리는 사회적·도덕적으로 더 쇠퇴해진다. 그러므로 지금 우리가 위기에 처해 있는 상황도 놀라운 일이 아니다. 현자들이 왜 그들의 지식을 감추었으며, 그들의 커져가는 이기주의가 왜 지금 그 지식을 드러내려 하는지도 매우 명확해진다.

우리 스스로를 변화시키지 않는 한 지식과 발달은 우리를 구해 줄 수 없다. 오히려 그것들은 예전보다 더 큰 해를 야기할 것이다. 그러므로 과학적 진보가 약속하는 좋은 삶을 기대하는 것은 너무 순진한 발상이라고 할 수 있다. 더 밝은 미래를 원한다면 우리는 오직 스스로를 변화시켜야 할 뿐이다.

욕구의 진화

인간의 본성이 이기적이라는 것은 전혀 놀랄 만한 뉴스가 아니다. 우리가 선천적으로 이기적이기 때문에 우리 모두는 예외 없이 우리가 아는 것을 오용하려는 경향이 있다. 이는 우리가 지식을 이용하여 범죄를 저지를 수 있다는 의미가 아니다. 우리가 마땅한 자격이 없다는 것을 알면서도 직장 승진을 원하거나, 가장 친한 친구를 사랑하는 사람으로부터 떼어놓는 것과 같이 아주 사소하고 하찮게 여기는 일들 속에서 이러한 경향을 쉽게 찾아볼 수 있다.
이기주의에 관한 대단한 뉴스는 인간 본성이 이기적이라는 것이 아니라 '나는 이기주의자이다' 라는 것이다. 우리 자신의 이기주의를 처음으로 직면하는 것은 정신을 번쩍 차리게 하는 경험이다. 다른 어떤 각성과 마찬가지로 그것은 견딜 수 없는 두통이다.
받고자 하는 우리의 의지가 끊임없이 진화하는 데는 그럴 만한 이유가 있으며, 곧 이에 대해 공부하게 될 것이다. 지금은 우리가 지식을 얻는 방법에 있어서 이 진화가 어떤 역할을 했는지에 초점을 맞추어보자.

우리에게 새로운 욕구가 생겨날 때 우리는 새로운 필요를 만들어낸다. 그리고 이런 필요들을 충족시키기 위한 방법을 모색할 때 우리는 정신을 계발하고 향상시킨다. 즉 기쁨을 받으려는 의지의 진화가 진화를 만들어내는 것이다.

욕구의 진화라는 관점에서 인간의 역사를 살펴볼 때 어떻게 이 자라나는 욕구들이 모든 개념, 발견, 그리고 발명을 산출했는지 알 수 있다. 사실상 혁신은 우리 욕구들이 만들어내는 산더미 같은 필요와 요구를 충족시키도록 도와주는 도구였던 것이다.

욕구의 첫번째 단계는 의식주, 성, 가정과 같은 육체적 욕구들과 관련된다. 이것들은 모든 살아 있는 피조물들이 공유하는 가장 기본적인 욕구들이다.

∴

첫번째 단계의 욕구들에 반해 다른 단계의 욕구들은 특별히 인간적이며, 인간 사회에 참여함으로써 발생하게 된다. 두번째 단계는 부에 관한 욕구, 세번째는 명예와 명성, 권력에 관한 욕구이며, 네번째는 지식을 향한 욕구이다.

행복과 불행, 기쁨과 고통은 우리의 욕구를 얼마만큼 만족시키는지에 달려 있다. 그러나 만족은 노력 없이 오지 않는다. 실제로 우리가 얼마나 기쁨에 내몰린 존재인지 카발리스트 예후다 아쉴락(Yehuda Leib HaLevi Ashlag)은 다음과 같이 말한다.

"인간은 동기 없이는 가장 작은 움직임조차도 실행할 수 없다. ……어떤 식으로든지 스스로에게 이득이 되지 않는다면. 예를 들어 어떤 사람이 손을 의자에서 탁자로 옮길 때조차도 그것은 그 사람이 손을 탁자에 놓음으로써 더 큰 기쁨을 얻을 것이라고 생각하기 때문이다. 만약 그 사람이 그렇게 생각하지 않았다면 그 사람은 자신의 손을 평생 의자에 걸쳐두었을 수도 있다."

첫 장에서 우리는 이기주의가 절망적인 딜레마라는 것을 살펴보았다. 즉 기쁨의 강도는 욕구의 강도에 좌우된다. 싫증이 날수록 욕구는 비례적으로 감소한다. 그러므로 욕구가 사라지면 기쁨도 사라진다. 무언가를 즐기기 위해서는 단지 그것을 원해야 할 뿐만 아니라 그것을 계속 원해야 한다는 결과가 나온다. 그렇지 않으면 기쁨은 사라져버릴 것이다.

이와 더불어 기쁨은 원하는 대상에 존재하는 것이 아니라 그 기쁨을 원하는 사람에게 존재한다. 예를 들어 내가 참치를 좋아한다고 해서 참치 안에 어떤 기쁨이 존재하는 것은 아니다. 내 안에 어떤 기쁨이 참치라는 '형태'로 존재하는 것이다.

참치에게 자신의 살을 좋아하는지 물어보라. 나는 그 답이 '예'일 것이라고 생각하지 않는다. 그저 지나가는 말로 참치에게 물어

볼 수는 있다. "그런데 왜 넌 참치를 좋아하지 않니? 내가 너를 한 입 베어먹을 때 그 맛이 얼마나 기가 막히는데…… 너는 참치를 몇 톤이나 가지고 있잖아! 내가 너라면 천국에 있는 느낌일 텐데."

참치가 언어로 표현할 수 없다는 것을 제외하더라도 이것이 현실적인 대화가 아님을 우리는 알고 있다. 인간이 참치의 맛을 즐긴다고 해서 참치 또한 스스로의 고기를 먹는 것을 즐길 수는 없음을 우리는 당연히 알고 있다.

왜 인간은 참치의 맛을 즐기는가? '우리가 그것에 대한 욕구를 가지고 있기 때문이다.' 참치가 자신의 고기를 먹는 것을 즐기지 않는 것은 그에 대한 욕구가 없기 때문이다. 특정 대상으로부터 기쁨을 받으려는 특정 욕구를 카발라 용어로 클리(Kli, 그릇, 용기)라고 하고, 그 클리 속에 기쁨을 받는 것을 '오르(Ohr, 빛)' 라고 한다. 그릇과 빛의 개념은 의심할 나위 없이 카발라의 지혜에서 가장 중요한 개념이다. 창조주를 위한 그릇인 클리를 만들 수 있을 때 우리는 그의 빛을 받을 수 있을 것이다.

욕구 다루기

이제 욕구들이 발전을 가져온다는 것을 알고 있으므로 역사상 어떻게 우리가 그 욕구들을 다루어 왔는지 알아보자. 우리는 크게 두 가지 방법으로 욕구들을 조종해 왔다.

- 모든 것을 습관으로 바꾸는 방법. 욕구들을 길들이거나 일상이라는 갑옷을 입히는 법.
- 욕구들을 억누르고 감소시키는 방법.

대부분의 종교는 첫번째 방법을 택하여, 행위마다 보상으로 붙잡아 매었다. 우리를 부추겨 선이라고 간주되는 것을 행하게 하기 위해서 우리 스승들과 주위 사람들은 이른바 '옳은' 일을 할 때마다 긍정적인 반응이라는 보상을 주었다. 나이가 들수록 그 보상들은 점차 멈추지만, 우리의 행위는 우리 마음속에 붙잡혀버리고 만다.

일단 우리가 어떤 것에 익숙해지면 그것이 제2의 본성이 되며, 우리는 본성에 따라 행동할 때 항상 편안함을 느낀다.

우리의 욕구를 감소시키는 두번째 방법은 먼저 동양의 가르침에서 이용되었다. 이 접근법은 '원하면서 못 가지는 것보다 원하지 않는 편이 낫다'라는 단순한 규칙을 따른다. 노자는 《도덕경》에서 이를 다른 말로 표현한다. "검소함을 표명하라. 단순함을 포옹하라. 이기심을 줄여라. 욕구를 갖지 말라."

오랫동안 이 두 가지 방법으로 어떻게든 해나가는 것처럼 보였다. 비록 우리가 원했던 것을 얻지는 못했으나— 원하는 것을 가지면 더 이상 그것을 원하지 않는다는 규칙 때문에— 쫓아다니는 자체는 만족스러웠다. 새로운 욕구가 나타날 때마다 우리는 이 욕구가 우리의 바람들을 당연히 실현시켜 줄 것이라고 믿었다. 꿈을 꾸고 있는 한 희망적이었다. 실제로 그 꿈들이 실현되지 않는다 해도 희망이 있는 곳에는 삶이 있다.

우리의 욕구들은 커져만 갔다. 실현되지 않은 꿈들만으로, 텅 빈 클리를 가지고 욕구들을 만족시키기란 점점 어려워져버렸다. 그래서 욕구를 길들이고, 감소시키는 두 가지 방법은 고전을 면치 못하고 있는 것이다. 우리의 욕구를 줄이지 못할 때는 그것을 충족시키는 방법을 찾는 것밖에는 선택의 여지가 없다. 그런 상태에서는 과거의 방법들을 버리거나 새로운 방법과 결합시키는 길을 모색하게 된다.

새로운 욕구의 등장

받으려는 의지에는 네 가지 단계가 있음을 이미 설명했다. 가) 의식주, 성, 가정을 위한 육체적 욕구. 나) 부를 향한 욕구. 다) 권력과 명예(때로 두 가지 다른 그룹으로 분리됨)를 향한 욕구. 라) 지식에 관한 욕구.

그 네 가지 단계들은 크게 두 그룹으로 분류된다.

- 첫번째 단계인 동물적 욕구는 모든 살아 있는 피조물들이 공유하는 것이다.

- 두서너번째 단계들의 인간적 욕구는 인간에만 한정되는데, 후자가 오늘날의 우리를 있게 했다.

그러나 오늘날은 받으려는 의지의 진화로 다섯번째 단계인 새로운 욕구가 존재한다. 첫 장에서 이미 소개하였듯이 《조하르의 책》은 20세기 말에 새로운 욕구가 출현할 것이라고 주장했다.
이 새로운 욕구는 그저 또 하나의 욕구가 아니다. 이것은 그 이전까지 있었던 모든 욕구의 최고점이다. 이것은 단지 가장 강렬한 욕구일 뿐만 아니라 다른 모든 욕구들과 그것을 차별화시키는 유일무이한 특징들을 포함하고 있다.
카발리스트들이 가슴을 이야기할 때 그들은 육체적 가슴이 아니라 처음 네 가지 단계에서의 욕구들을 일컫는다. 그러나 다섯번째 단계에서의 욕구는 본질적으로 다르다. 그 욕구는 어떤 육체적인 것이 아닌 오직 영적인 만족만을 원한다. 또한 이 욕구는 우리 모두가 경험하도록 운명 지어진 영적 성장의 씨앗이다. 이런 이유로 카발리스트들은 이 영적 욕구를 '가슴 속의 한 점(point in the heart)'이라고 부른다.

새로운 욕구를 위한 새로운 방법

'가슴 속의 한 점'이 등장하면 인간은 성, 부, 권력, 지식과 같은 세속적인 쾌락을 갈망하던 것에서 영적인 기쁨을 원하는 방향으로 변화를 시작한다. 이것은 우리가 추구하고 있는 새로운 종류의 기쁨이기 때문에 그것을 실현시킬 수 있는 새로운 방법이 필요하다. 그 새로운 욕구를 충족시킬 방법이 '카발라의 지혜' (받는 방법에 대한 지혜)이다.

영적 욕구를 실현시키는 것이 목표인 카발라의 지혜와 다른 욕구들을 만족시키기 위해서 사용되는 방법들 간의 차이를 살펴보면 이 새로운 방법을 이해할 수 있다. '일반적' 욕구들에 있어서는 우리가 원하는 것을 쉽게 정의할 수 있다. 먹고 싶으면 음식을 찾고, 존경받고 싶으면 사람들이 나를 존경할 것이라고 믿는 방식으로 행동하면 된다.

그러나 영적인 것이 무엇인지 정확히 모르는 우리로서는 당연히 그것을 성취하기 위해서 무엇을 해야 할지도 알지 못한다. 처음에는 우리가 진정 원하는 것이 창조주를 발견하는 것임을 모르기 때문에 '그'를 찾기 위한 새로운 방법이 필요하리란 것 또한 알지 못한다. 이 욕구는 우리가 이전에 느꼈던 것과 판이하게 달라서 우리에게조차 불분명하다. 그것을 발견하고 충족시키는 방법이 '비밀의 지혜'라고 불리는 이유가 바로 여기에 있다.

우리가 원했던 모든 것이 의식주, 사회적 지위, 기껏해야 지식에 한정되어 있었기 때문에 우리는 '비밀의 지혜'를 필요로 하지 않았다. 그것을 이용할 일이 없었기에 그것이 감추어져 있었던 것이다. 그러나 숨겨졌다고 해서 그 지혜가 버려졌던 것은 아니다. 그와는 반대로 5000년간 카발리스트들은 인류가 필요로 할 때를 위하여 그 지혜를 갈고 닦아왔다. 그들은 카발라를 더 쉽게 이해하고, 더 접근하기 쉽게 하기 위해서 책들을 점점 더 간결하게 저술해 왔다.

그들은 다가올 미래에 전 인류가 그 지혜를 필요로 할 것임을 알았고, 다섯번째 단계의 욕구가 출현할 때 이것이 현실화될 것이라고 저술했다. 이제 우리는 그 단계에 이르렀고, 이를 인지한 사람들은 카발라 지혜의 필요성을 느끼고 있다.

카발라의 언어로 표현해 보자. 기쁨을 받기 위해 우리는 기쁨을 위한 클리(그릇)를 지녀야 하는데, 이는 매우 특정한 기쁨을 위한 윤곽이 뚜렷한 욕구를 가짐을 뜻한다. 클리의 등장은 그것을 오르(빛)로 채울 방법을 찾도록 우리의 뇌를 자극한다. 지금 많은 사람들이 '가슴 속의 한 점'을 가지고 있기 때문에 우리의 영적 욕구를 만족시키기 위한 수단으로 카발라의 지혜가 나타나고 있다.

틱쿤—받으려는 의지의 교정

우리는 이미 받으려는 의지(이기심)가 절망의 딜레마라고 말한 바 있다. 찾아 헤매던 것을 마침내 얻고 나면(거의 즉각적으로) 우리는 그것을 더 이상 원하지 않는다. 물론 그것을 원하지 않으면 그것으로부터 기쁨을 얻지 못한다.

영적인 것에 대한 욕구는 이런 절망의 딜레마를 피해가기 위해서 미리 설치된 독특한 장치를 동반하는데, 이 장치를 틱쿤(교정)이라고 부른다. 다섯번째 단계의 욕구가 효과적이고 즐겁게 이용되기 위해서는 먼저 이 틱쿤이라는 '겉옷을 입혀야' 한다.

틱쿤을 이해하면 카발라에 대한 수많은 일반적인 오해가 풀릴 것이다. 받으려는 의지는 인류 역사에 발전과 변화를 가져온 역동적인 힘이 되어왔다. 그러나 그 받으려는 욕구는 항상 자기만족을 위한 기쁨을 받는 욕구였다. 기쁨을 얻으려는 갈망 자체는 잘못된 것이 아니지만 자기만족을 위해 즐기려는 '의도'가 우리를 창조주, 즉 자연과 정반대의 자리에 서게 한다. 우리 스스로를 위해 받기를 원함으로써 우리는 창조주로부터 스스로를 분리시키고 있다. 이것이 우리의 부패이자 모든 불행과 불만의 이유이다.

틱쿤은 우리가 받기를 멈출 때 일어나는 것이 아니라 우리가 받는 이유, 즉 우리의 '의도'를 변화시킬 때 일어난다. 우리 스스로를 위해 받을 때 그것을 '이기주의'라고 한다. 자연과 하나가 되기 위해 받을 때 그것은 '이타주의'라 하고, 이는 자연과의 결합을 의미한다.

예를 들어 같은 음식을 몇 달간 그것도 매일 먹기를 즐길 수 있을까? 아마도 아닐 것이다. 그러나 갓난아기들은 그럴 수밖에 없다. 그들에겐 선택의 여지가 없다. 사실상 아기들이 그럴 수밖에 없는 유일한 이유는 그들이 다른 어떤 것에 대해 아는 바가 없기 때문이다. 그러나 고픈 배를 채우는 것을 제외하고라도 아기들이 먹는 것에서 얻을 수 있는 기쁨이 매우 크다는 것은 확실하다.

이제 아기 엄마의 입장을 생각해 보자. 아기에게 젖을 먹이는 동안 얼굴에 빛이 나고 있을 엄마를 상상해 보라. 엄마는 아기가 건강하게 먹는 것을 보는 것만으로도 날아갈 듯 기쁘다. 아기는 기껏해야 만족스러울 터이나 엄마의 기쁨은 비할 데가 없다.

설명하면 이렇다. 엄마와 아기 둘 다 아기의 음식에 대한 욕구에서 기쁨을 얻는다. 아기의 초점은 자신의 배를 채우는 것인 반면 아기에게 주는 데서 얻는 엄마의 기쁨은 그와 비교도 안 될 만큼 크고 값지다. 엄마의 초점은 그녀 자신이 아니라 아기에게 맞춰지기 때문이다.

자연도 같은 이치로 움직인다. 자연이 우리로부터 원하는 것을 알고 그것을 충족시켰다면 우리는 주는 기쁨을 느꼈을 것이다. 그뿐만 아니라, 엄마가 아기와 자연스럽게 경험하는 본능적인 수준에서가 아니라 자연과 우리의 유대라는 영적 수준에서 주는 기쁨을 느낄 것이다.

카발라의 원어인 히브리어로 의도는 '카바나(Kavana)'라고 한다. 그러므로 우리에게 필요한 틱쿤은 우리 욕구 위에 올바른 카바나를 올려놓는 것이다. 틱쿤을 일으키고 카바나를 갖는 것에 대한 보상은 영적인 것에 대한 욕구, 창조주에 대한 욕구라는 우리의 가장 큰 소망, 마지막 바람이 실현된다는 것에 있다. 이 욕구가 충족될 때 인간은 현실을 지배하는 체계에 대해 알게 되고, 그것을 일구는 데 참여하며, 결국 열쇠를 받고 운전자석에 앉게 된다. 그런 사람은 더 이상 우리처럼 삶과 죽음을 경험하는 것이 아니라, 창조주와 하나가 되어 끝없는 축복과 완전함의 흐름 속에서 자연스럽고 즐겁게 영원을 경험할 것이다.

요약

인간의 욕구에는 다섯 단계가 있으며, 이는 또 세 가지 집단으로 분류된다. 첫번째 집단은 동물적 욕구들(음식, 번식, 가정 등)이고, 두번째는 인간적 욕구들(부, 명예, 지식)이며, 세번째는 영적인 욕구(가슴 속의 한 점)이다.

첫번째와 두번째 집단만이 왕성하게 활동하던 때에 우리는 일상을 통해 욕구들을 '길들이고' 억누르는 길을 택했다. '가슴 속의 한 점'이 일깨워지자 이 두 가지 방법은 더 이상 쓸모가 없게 되었고, 우리는 다른 방법을 찾아야만 했다. 이것이 바로 카발라를 필요로 할 시기를 기다리며 수천 년간 숨겨져 왔던 카발라의 지혜가 재현하는 때이다.

카발라의 지혜는 우리 틱쿤(교정)을 위한 수단이다. 그것을 이용하여 우리는 이기주의라고 정의되는 자기만족의 욕구에서 이타주의라고 정의되는 창조주, 혹은 전체 자연을 기쁘게 하는 욕구로 우리의 카바나(의도)를 변화시킬 수 있다.

오늘날 우리가 겪고 있는 전 세계적 위기는 사실상 욕구들의 위기라 할 수 있다. 우리의 마지막 바람, 가장 큰 소망인 영적인 것에 대한 욕구를 충족하기 위해서 우리가 카발라의 지혜를 이용할 때 모든 문제들은 자동적으로 해결될 것이다. 그 문제들의 근원은 많은 이들이 현재 경험하고 있는 영적인 불만족에 있기 때문이다.

창조의 기원

창조의 기원

영적 세계

창조의 생각에 대한 탐구

경로

이담 하 리숀-공공의 영혼

요약

오늘날 카발라를 공부하는 것이 얼마나 절실히 필요한 것인지 살펴보았으므로 이 지혜의 기초에 대해 어느 정도 배워볼 때가 되었다. 비록 이 책에서 상위 세계들에 대한 철저한 공부까지 다루기는 어렵겠지만, 카발라를 깊이 있게 공부하기를 원하는 사람들은 이 장의 막바지에서 카발라 공부를 위한 튼튼한 기초를 가지게 될 것이다.

　그림에 대해 한마디 하자면, 카발라 서적들은 과거에도 현재에도 항상 그림으로 가득하다. 그림은 영적 상태나 영적 구조를 묘사하는 데 도움을 준다. 시초부터 카발리스트들은 영적인 길을 가며 그들이 경험한 것을 설명하는 도구로서 그림을 이용해 왔다. 그렇다고 하더라도 이러한 그림이 만져서 알 수 있는 유형의 대상을 나타내는 것은 아니라는 점을 반드시 기억해야 한다. 그림들은 단순히 '영적' 상태들을 설명하는 데 사용되는 이미지일 뿐이다.

영적 세계

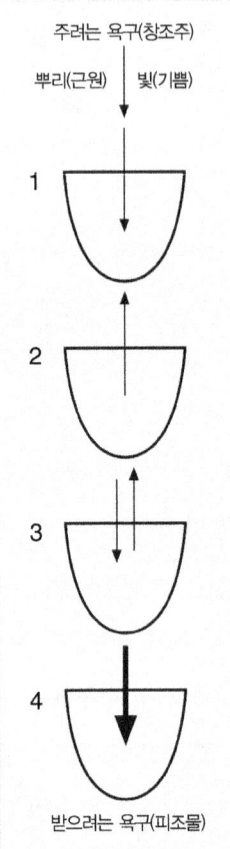

그림 1: 받으려는 욕구의 진화적인 5단계, 아래로 향하는 화살표는 창조주의 들어가는 빛을 표시한다. 위로 향하는 화살표는 창조주를 기쁘게 하려는 피조물의 욕구를 표시한다.

창조는 전적으로 기쁨을 받으려는 욕구로 구성되어 있다. 이 욕구는 네 가지 단계들로 진화되었고, 그 마지막 단계가 '피조물'이라고 불린다(그림 1). 이 욕구의 진화라는 원형의 구조는 존재하는 모든 것의 기초가 된다. 〈그림 1〉은 피조물을 만드는 것을 묘사한다. 우리가 그 만듦을 이야기라고 간주하면 그 그림들이 장소나 대상이 아닌 감정적이고 영적인 상태를 묘사한다는 것을 기억하는 데 도움을 줄 것이다.

모든 것이 창조되기 전에 생각을 짜내고 계획을 해야 함은 필수이다. 여기에 우리는 '창조'와 '창조'가 일어나도록 한 생각에 대해 이야기하고 있다. 우리는 그것을 '창조의 생각'이라고 부른다.

첫 장에서 우리는 과거에는 자연에 대한 사람들의 두려움이 그들과 우리 모두를 위한 자연의 계획을 찾도록 부추겼다고 설명했다. 그들이 관찰한 바에 따르면 자연의 계획은 우리가 기쁨을 받는 것이었다. 그 기쁨은 우리가 이 세상에서 느낄 수 있는 아무러한 기쁨이 아니다. 자연(이미 말했듯이 창조주라는 표현과 상호변경이 가능함)은 우리가 매우 특별한 종류의 기쁨을 받기를 원한다. 그것은 자연 자체에, 창조주에 일치되어 가는 기쁨을 말한다.

그러므로 〈그림 1〉을 보면 창조의 생각은 실제로 피조물들에게 기쁨(빛light이라고 불림)을 주려는 욕구임을 알 수 있다. 또한 이것이 우리 모두가 시작된 곳, 즉 창조의 근원이다.

카발리스트들은 빛, 즉 기쁨을 받으려는 욕구를 묘사하기 위해 클리(그릇, 용기)라는 표현을 사용한다. 이제 우리는 카발리스트들이 그들의 지혜를 '카발라의 지혜(받음의 지혜)'라고 불렀던 이유를 이해할 수 있다.

그들이 기쁨을 '빛'이라고 불렀던 것에도 그럴만한 이유가 있다. 클리—피조물, 사람—가 창조주를 느낄 때 그것은 한 사람에게 나타나기 시작하는 위대한 지혜의 경험으로, 이는 마치 어떤 일이 나에게 이해되기 시작해서 이제 내가 '빛'을 보는 것과도 같다. 그런 일이 생길 때 우리는 어떠한 지혜가 분명해졌다고 해도 그것이 우리 눈에는 비록 감춰져 있으나, 항상 거기에 존재해 왔음을 깨닫는다. 그것은 마치 밤의 어둠이 환한 빛으로 변한 것과 같고,

맹인이 눈을 뜬 것과 같다. 이 빛이 지식을 동반하기 때문에 카발리스트들은 그것을 '지혜의 빛'이라고 부르고 그 빛을 받는 방법을 '카발라의 지혜'라고 불렀던 것이다.

기본 네 단계

본론으로 돌아가자. 기쁨을 준다는 생각을 실행에 옮기기 위해서 창조주는 특별히 창조주와 동일하게 된다는 기쁨을 받기를 원하는 창조를 설계했다. 당신이 부모라면 이 느낌이 어떤 것인지 알 것이다. 자부심이 있는 아버지에게 "아들이 당신을 꼭 빼 닮았군요!"라는 말보다 더 정겨운 칭찬이 어디 있겠는가?

조금 전에 언급한 대로 피조물에게 기쁨을 주려는 창조의 생각은 창조의 근원이다. 이런 이유로 창조의 생각은 '뿌리 단계' 혹은 '0단계'라고 부르고, 그 기쁨을 받으려는 욕구는 '1단계'라고 부른다.

0단계는 아래로 향하는 화살표로 표시된다는 것에 주목하라. 아래로 향하는 화살표가 보일 때마다 그것은 빛이 창조주로부터 피조물에게 온다는 것을 의미한다. 그러나 그 반대는 진실이 아니다. 위로 향하는 화살표가 있을 때마다 그것은 피조물이 창조주에게 빛을 준다는 것을 의미하지 않고, 그렇게 하고 싶다는 것을 뜻한다. 그러면 두 화살표가 반대 방향을 가

리킬 때는 어떻게 되는가? 계속 읽어 내려가라. 그러면 이것이 뜻하는 바를 발견할 것이다.

또한 카발리스트들은 창조주를 '베풀려는 의지', 피조물을 '기쁨과 쾌락을 받으려는 의지' 혹은 단순히 '받으려는 의지'라고 일컫는다. 창조주에 대한 우리의 인식에 대해서 나중에 살펴보겠으나, 지금 중요한 것은 카발리스트들이 항상 자신들이 인지하는 것을 우리에게 이야기해준다는 사실이다. 그들은 창조주가 주려는 욕구를 가지고 있다고 말하지 않는다. 그들은 창조주에 대해 자신들이 아는 것은 '그'가 주려는 욕구를 가지고 있고, 이것이 바로 그들이 '그'를 '베풀려는 의지'라고 부르는 이유라고 말한다. 카발리스트들은 '그'가 주고 싶어 하는 기쁨을 받으려는 욕구를 그들 안에서도 발견했기 때문에 또한 자신들을 '받으려는 의지'라고 부른다.

그러므로 받으려는 의지는 첫번째 창조, 즉 모든 피조물들의 뿌리이다. 받으려는 의지가 기쁨을 베푸는 자로부터 오는 것을 느낄 때 진정한 기쁨은 받는 것이 아니라 주는 것에 있음을 감지한다. 그 결과 받으려는 의지는 주기를 원하기 시작한다. (두번째 클리—그림에서 컵으로 묘사되는—에서 위를 향하는 화살표가 뻗어 나오는 것에 주목하라.) 이것은 완전히 새로운 단계, 2단계이다.

이 새로운 단계를 만드는 것이 무엇인지 살펴보자. 클리 자체를 살펴보면 전 단계에 걸쳐서 클리 자체는 변화를 하지 않음을 볼 수 있다. 이것은 받으려는 의지는 예전처럼 왕성하다는 것을 뜻한다. 받으려는 의지는 창조의 생각에서 설계되었기 때문에 그것은 영원하며 절대 변화될 수 없다.

그러나 2단계에서 받으려는 의지는 받는 것이 아니라 주는 것에서 기쁨을 얻기를 원한다. 이것은 근본적인 변화이다. 2단계는 줄 수 있는 어떤 대상을 필요로 한다는 것이 바로 커다란 차이이다. 즉 2단계는 자신을 제외한 무엇, 혹은 누구에게 긍정적으로 연결해야만 한다.

우리 안에 뿌리 박혀 있는 받으려는 욕구에도 불구하고 우리로 하여금 주도록 강요하는 2단계가 삶을 가능하게 만든다고 할 수 있다. 그것이 없다면 부모는 자식을 돌보지 않았을 것이고 사회적인 삶은 불가능했을 것이다. 예를 들어, 내가 레스토랑을 가지고 있다면 내 욕구는 돈을 버는 것이지만, 분명한 것은 내가 장기적으로 관심이 없는 낯선 사람에게 음식을 준다는 것이다. 이것은 은행원도, 택시 운전자도 다른 모든 사람들도 마찬가지다.

비록 1단계에서와 마찬가지로 받으려는 의지가 모든 피조물에게 행동의 동기를 부여하지만, 이제 우리는 왜 자연의 법칙이 받는 법칙이 아니라 이타주의 베풂인지를 알 수 있다. 창조가 받으려는 욕구와 주려는 욕구를 동시에 갖게 되는 순간, 이후에 일어나는 모든 일은 이들 두 단계 사이의 '관계'에서 생겨날 것이다.

이미 알아보았듯이 2단계에서 주려는 욕구는 받을 필요가 있는 누군가를 찾고, 서로 이해하도록 요구한다. 그러므로 2단계는 이제 창조주에게 줄 수 있는 것이 무엇인지에 대해 조사하기 시작한다. 결국 다른 누구에게 주는 것이 가능한가?

그러나 2단계가 실제로 주려고 시도할 때 창조주가 원하는 것은 주는 것이 전부임을 발견한다. '그'에게는 받으려는 욕구가 전혀 없다. 게다가 피조물이 창조주에게 무엇을 줄 수 있겠는가?

뿐만 아니라 2단계는 1단계의 중심에서 그 실제 욕구가 받는 것임을 발견한다. 그 뿌리는 본질적으로 기쁨과 쾌락을 받으려는 욕구이며, 그 안에 진정으로 베풀려는 욕구는 조금도 존재하지 않는다. 그러나 요점은 여기에 있다. 왜냐하면 창조주는 오직 주기만을 원하기 때문에 피조물의 받으려는 의지야말로 정확히 피조물이 창조주에게 '줄 수 있는' 것이기 때문이다.

이것이 혼란스럽게 들릴지도 모르지만 엄마가 아기에게 젖을 주는 것에서 기쁨을 얻는 것을 생각해 보면 아기의 입장에서는 그저 먹기를 원하는 것만으로도 엄마에게 기쁨을 선사한다는 것을 알 수 있다.

그러므로 3단계에서는 받으려는 의지가 받기를 '선택하고', 그렇게 함으로써 뿌리 단계, 즉 창조주에게 주게 된다. 이제 우리는 양쪽 모두 주는 자가 되는 완전한 원을 갖게 된다. 0단계인 창조주는 피조물에게 주고, 그것이 1단계이며, 0·1·2단계를 거쳐 간

피조물은 '그'로부터 받음으로써 창조주에게 주게 된다.

〈그림 1〉에서 3단계의 아래로 향하는 화살표는 1단계에서처럼 받는 것을 의미하지만, 위로 향하는 화살표는 2단계에서와 마찬가지로 그 '의도'는 주는 것임을 뜻한다. 되풀이 말하지만 1단계와 2단계에서처럼 두 행동은 받으려는 의지를 이용한다. 이것은 전혀 변하지 않는다.

이미 살펴본 것처럼 우리의 이기적인 의도야말로 이 세상에서 볼 수 있는 모든 문제들의 근원이다. 여기 창조의 뿌리에서도 의도는 행위 그 자체보다 훨씬 더 중요하다. 예후다 아쉴락은 사실상 3단계는 10퍼센트 받는 입장과 90퍼센트 주는 입장이라고 은유적으로 말한다.

이제 창조주가 피조물을 '그' 자신과 동일한, 즉 베푸는 자로 만드는 데 성공한 완전한 원이 완성된 듯이 보인다. 게다가 피조물은 주는 것을 즐기고, 그로써 창조주에게 기쁨을 되돌려준다. 그러나 이것이 '창조의 생각'을 완성시키는가?

그렇지 않다. 받는 행위(1단계에서)와 창조주의 유일한 바람은 주는 것(2단계에서)임을 이해함으로써 피조물은 '그'와 같은 상태에 존재하기를 원하게(3단계) 된다. 그러나 베푸는 자가 된다는 것이 피조물이 '그'와 같은 상태에 존재하게 되고, 그리하여 '창조의 생각'을 완성시켰다는 것을 뜻하지는 않는다.

창조주의 상태에 존재한다는 것은 피조물이 베푸는 자가 되는 것뿐만 아니라 주는 자와 똑같은 '생각', 즉 창조의 생각을 가져야 함을 뜻한다. 그런 상태에 와서야 피조물은 창조주가 피조물을 형성한 이유만이 아니라 왜 창조주-피조물의 원이 시작되었는지도 이해할 수 있다.

'창조의 생각'을 이해하려는 욕구는 완전히 새로운 단계임이 명백하다. 이것을 비교할 수 있는 유일한 예는 부모님들처럼 현명하고 큰 사람이 되고 싶어 하는 어린아이에서 찾을 수 있다. 이 아이가 실제로 부모 입장이 되었을 때 그것이 가능하다는 것을 우리는 본능적으로 알고 있다. 이것이 바로 부모들이 자주 자녀들에게 "너도 자식을 가져봐야 이해할 수 있을 거야."라고 말하는 이유이다.

카발라에서 가장 흔히 쓰이는 단어들 가운데 하나가 세피롯(Sefirot)이다. 사피르(Sapir, 사파이어)는 히브리어에서 온 단어로 각 세피라(Sefira, 세피롯의 단수)는 그 자신의 빛을 가지고 있다. 또한 네 단계들의 각 단계는 하나, 혹은 그 이상의 세피라의 이름을 딴 것이다. 0단계는 케테르(Keter), 1단계는 호흐마(Hochma), 2단계는 비나(Bina), 3단계는 제이르 안핀(Zeir Anpin), 4단계는 말훗(Malchut)이라고 일컫는다. 그러나 제이르 안핀이 헤세드(Hesed), 게부라(Gevura), 티페렛(Tifferet), 넷짜(Netzah), 호드(Hod), 예소드(Yesod)라는 여섯 세피롯으로 구성되어 있기 때문에 사실은 열 개의 세피롯이 존재한다. 그러므로 세피롯의 완전한 세트는 케테르, 호흐마, 비나, 헤세드, 게부라, 티페렛, 넷짜, 호드, 예소드, 말훗이다.

카발라에서 가장 심오한 수준의 이해인 '창조의 생각'을 이해하는 것을 일컬어 '달성'이라고 한다. 받으려는 의지가 그 마지막 단계인 4단계에서 열망하는 것이 바로 이것이다.

'창조의 생각'을 습득하려는 욕구는 창조에서 가장 강렬한 힘이다. 전체 진화의 과정 뒤에 이 욕구가 존재한다. 우리가 알고 있든 모르고 있든 우리 모두가 찾아 헤매는 궁극적인 지식은 창조주가 창조주로서 하는 일을 이해하는 것이다. 이것은 수천 년 전에 카발리스트들로 하여금 창조의 비밀을 발견하게끔 부추겼던 것과 똑같은 힘이다. 그것을 이해할 때까지 우리는 마음의 평화를 찾을 수 없다.

창조의 생각에 대한 추구

우리가 '그'와 동일하게 되는 기쁨을 받기를 원한다고 해도 창조주가 이 욕구를 처음부터 우리에게 준 것은 아니다. '그'가 우리(피조물), 아담 하 리숀(Adam ha Rishon)이라는 하나된 영혼에게 준 것은 궁극적 기쁨에 대한 열망이었다. 그러나 단계들의 연속에서 볼 수 있듯이 창조주는 피조물이 '그'처럼 되고자 하는 욕구를 불어넣지 않았다. 그것은 단계들을 거쳐감에 따라 피조물 내에서 진화한 욕구이다.

3단계에서 피조물은 이미 모든 것을 받았고, 창조주에게 되돌려

주려고 의도했다. 바로 그때, 거기에서 일련의 연속이 끝날 수도 있었다. 피조물은 이미 창조주가 하는 행위, 즉 주는 것을 정확히 행하고 있었기 때문이다. 그런 의미에서 그들은 이미 동일했다.

그러나 피조물은 주는 것에서 그치지 않았다. 피조물은 왜 주는 것이 기쁨을 주는지, 왜 실체를 창조하는 데 주는 것의 힘이 필요한지, 또 줌으로써 주는 자가 얻는 지혜가 무엇인지 알고 싶어 했다. 즉 피조물은 '창조의 생각'을 이해하기를 원했다. 이것은 새로운 열망이었고, 창조주가 피조물에게 '심어주지' 않은 욕구였다.

창조의 생각에 대한 이 시점의 탐구에서 피조물은 창조주와 다른 분리된 존재가 되었다. 이런 식으로 생각해 보자. 내가 다른 누군가와 비슷하게 되고 싶어 한다면 그것은 나를 제외한 누군가가 존재하며, 그 누군가는 내가 원하는

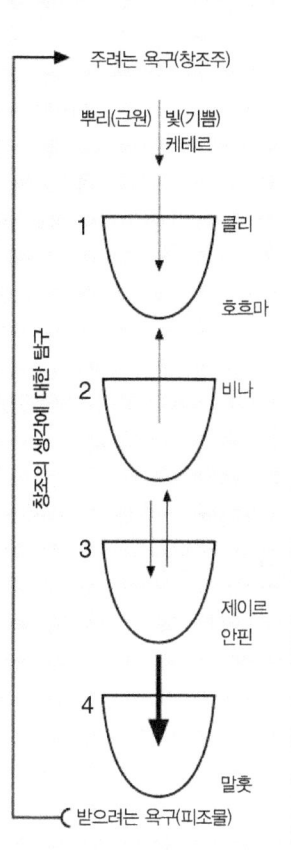

그림 2: 말훗에서 창조주로 향하는 화살표는 창조주처럼 되고자 하는 말훗의 확고한 욕구를 나타낸다.

그 무엇을 가지고 있거나, 내가 닮고 싶어 하는 그 무엇이라는 것을 알고 있을 필요가 있다.

다른 말로 나는 나를 제외한 누군가가 존재할 뿐만 아니라, 그는 나와 다르다는 것을 깨닫는다. 그것도 그냥 다른 것이 아니라 나보다 나은 누군가인 것이다. 그렇지 않다면 왜 내가 '그'처럼 되고 싶어 할 것인가?

그러므로 4단계 말훗은 처음 3단계와 매우 다르다. 왜냐하면 말훗은 창조주와 동일하게 되는 아주 특별한 종류의 기쁨(그래서 더 두꺼운 화살표로 표시됨)을 받기를 원하기 때문이다. 창조주의 관점에서 말훗의 욕구는 '창조의 생각'—그가 본래 생각했던 원(그림 2)—을 완전하게 한다.

아쉽게도 우리는 창조주의 관점에서 모든 것을 바라보고 있지 않다. 우리의 부서진 영적 안경으로 아래 이곳에서 바라볼 때 상황은 이상적이지도 않다. 빛과 완전히 반대인 클리(사람)가 빛처럼 되기 위해서는 베풀려는 '의도'를 가지고 받으려는 자신의 의지를 사용해야 한다. 그렇게 함으로써 클리는 그의 초점을 자신의 기쁨에서 창조주가 주는 것에서 받는 기쁨이라는 초점으로 바꾸는 것이다. 그럴 때 클리 또한 주는 자가 된다.

사실상 창조주에게 주기 위해 받는 것은 이미 3단계에서 일어났다. 창조주의 행위에 관해서 3단계는 이미 창조주와 동일해진다는 의무를 완성한 바 있다. 창조주는 베풀기 위해서 주며, 3단계는 베풀기 위해 받는 것이라는 점에서 그들은 동일하다.

  그러나 궁극적인 기쁨은 창조주가 하는 일을 알고 '그'의 행위를 되풀이하는 데 있지 않다. 궁극적인 기쁨은 왜 '그'가 그렇게 하는지를 알고, '그'의 생각과 같은 생각을 습득하는 데 있다. 이 가장 고귀한 창조의 부분—창조의 생각—은 피조물에게 주어지지 않았다. 이것은 피조물(4단계)이 성취해야만 하는 것이다.

  여기에는 아주 경이로운 연결이 존재한다. 한편으로 창조주는 주고, 우리는 받기 때문에 창조주와 우리는 마치 정반대 입장에 있는 것처럼 보인다. 그러나 사실은 '그'의 가장 큰 기쁨은 우리가 '그'를 닮는 것이고, 우리의 가장 큰 기쁨은 '그' 처럼 되는 것이다. 이와 비슷하게 모든 어린이들은 그들의 부모님들처럼 되고 싶어 하고, 모든 부모님들은 당연히 그들이 성취하지 못한 것들을 자녀들이 성취하기를 바란다.

  이제 우리는 우리와 창조주가 실제로 같은 목표를 추구하고 있음을 알았다. 이 개념을 이해할 수 있다면 우리 삶은 매우 달라질 것이다. 우리들 다수가 오늘날 겪고 있는 혼란과 방향 감각의 상실 대신 이제 우리와 창조주는 창조의 동이 튼 이래 존재해온 우리의 지정된 목표를 향해 함께 행진해 나갈 수 있을 것이다.

• •

  카발리스트들은 베풀려는 의지를 묘사하는 데 많은 단어들을 사용한다. 창조주(Creator), 빛(Light), 주는 자, 창조의 생각(Thought of Creation),

0단계, 뿌리, 뿌리 단계, 케테르, 비나 등의 단어들이 이에 속한다. 또한 이와 비슷하게 그들은 받으려는 의지를 설명하는 데도 많은 단어들을 사용한다. 피조물(Creature), 클리, 받는 자, 1단계, 호흐마, 말훗 등은 그 가운데 몇 가지에 속한다. 이들 단어들은 베풂과 받음이라는 두 가지 특질들 안에서 보다 세밀한 구분을 말한다. 그것을 기억한다면 이 모든 명칭들 때문에 혼란스러울 일은 없을 것이다.

창조주, 주는 자처럼 되기 위해 클리는 두 가지를 한다. 첫째로 받기를 멈추는데 이 행위를 찜쭘(Tzimtzum, 제한)이라고 한다. 클리는 빛을 완전히 막아서 클리 안으로 빛이 들어오지 못하게 한다. 이와 비슷한 예를 들면 우리가 맛은 있지만 건강에 해로운 음식을 조금만 맛보고 나머지를 접시에 남겨두는 것보다 아예 먹지 않는 편이 더 쉽다. 그러므로 클리에게 있어서 창조주처럼 되기 위해 찜쭘을 하는 편이 가장 쉬운 첫번째 단계인 것이다.

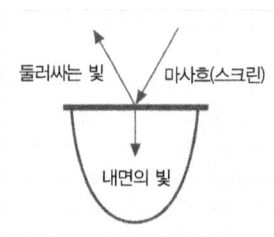

그림 3: 마사흐(스크린)는 창조주에게 베풀려는 목적으로 피조물이 받을 수 있는 빛인 내면의 빛과 피조물이 그러한 목표로 받을 수 없는 빛인 둘러싸는 빛을 구분하는 선이다.

그 다음으로 말훗은 빛(기쁨)을 검토하여 얼마만큼의 빛을 받을 것인지를 결정하는 장치를 설치한다. 이 장치는 마사흐(Masach, 스크린)라 한다. 이 스크린이 얼마만큼의 빛을 받을 것인지 결정하는 조건은

'베풀려는 목적'(그림 3)이라고 한다. 간단히 설명하면 클리는 창조주를 기쁘게 하기 위한 의도로 받을 수 있는 만큼만 받아들인다. 클리 안에 받아들여진 빛은 '내면의 빛(Inner Light)'이라고 하고, 밖에 남은 빛은 '둘러싸는 빛(Surrounding Light)'이라고 한다.

교정 과정의 마지막에 오면 클리는 창조주의 빛을 전부 받아들이고 '그'와 하나가 될 것이며, 이것이 곧 창조의 목적이다. 우리가 그 상태에 이르면 우리는 개개인으로서, 또 하나의 뭉쳐진 사회로서 그것을 느낄 것이다. 왜냐하면 실제로 완전한 클리는 한 사람의 욕구만이 아니라 전 인류의 욕구로 이루어지는 것이기 때문이다. 그리고 우리가 이 마지막 교정을 완성할 때 우리는 창조주와 동일하게 될 것이고, 4단계가 충족될 것이며, '그'의 관점에서와 마찬가지로 우리의 관점에서도 창조주는 완전해질 것이다.

경로

창조주와 동일해지려는 과제를 실행하기 위해서 피조물이 가장 먼저 획득해야 할 것은 피조물 자신이 진화하고 창조주처럼 될 수 있는 올바른 환경이다. 이 환경을 '세계들'이라고 한다.

4단계에서 피조물은 상위와 하위라는 두 부분으로 나뉘어졌다. 상위 부분은 세계를 구성하고, 하위 부분은 이 세계 속의 모든 것인 피조물을 구성한다. 대략 설명하자면, 세계들은 말홋이 4단계

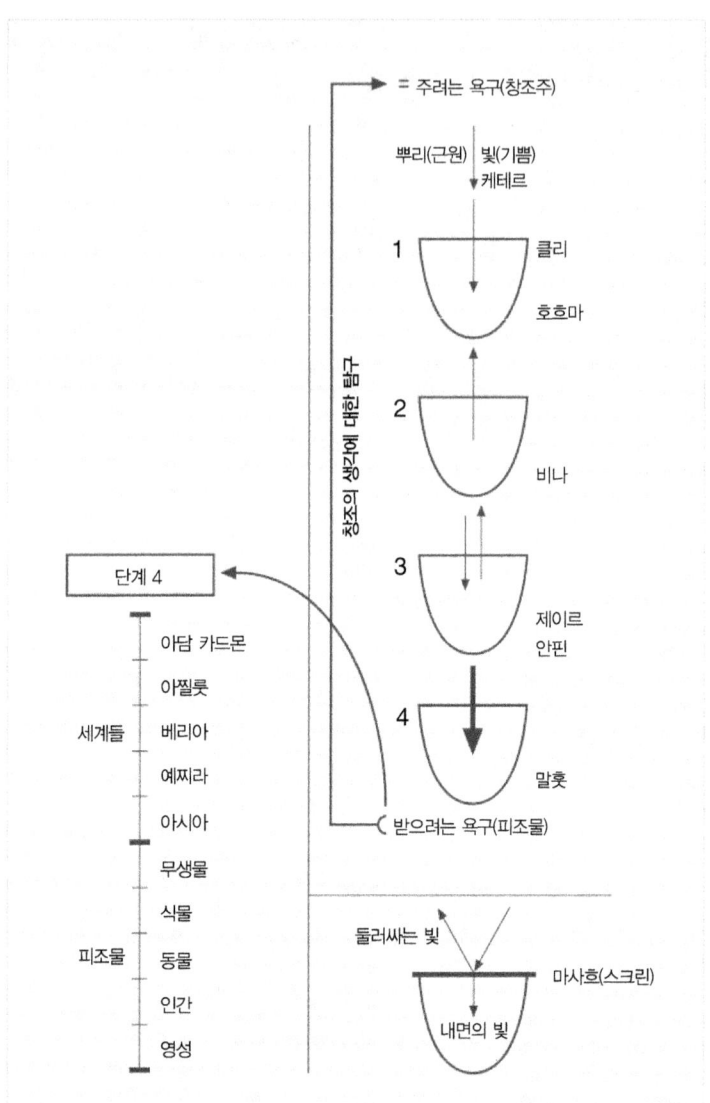

그림 4: 그림의 왼쪽 부분은 말훗의 내적인 구조에 초점을 맞추고 있으며, 여기에 보여지듯 말훗은 물질세계뿐만 아니라 모든 영적 세계들의 근원이다.

에 들어오도록 허용한 욕구들로 구성되어 있고, 피조물은 마사흐가 그 안으로 들어오지 못하게 한 욕구들로 구성될 것이다.

우리는 이미 창조가 오직 한 가지, 기쁨과 쾌락을 받으려는 의지만으로 구성됨을 알고 있다. 그러므로 상위와 하위는 장소가 아니라 우리가 상위 혹은 하위로 연관시키는 욕구들을 말한다. 즉 상위 욕구란 우리가 하위라고 여기는 욕구보다 더 높이 평가하는 욕구이다. 4단계의 경우 창조주에게 베풀기 위해 사용될 수 있는 욕구라면 그것은 상위 부분에 속하고, 이런 식으로 사용될 수 없는 욕구라면 하위 부분에 속한다.

이는 무생물적 · 식물적 · 동물적 · 인간적 · 영적이라는 다섯 수준의 욕구들이 존재하기 때문에 각 수준에 따라 분석된다. 실행할 수 있는 욕구들은 세계들을 형성하고, 실행할 수 없는 욕구들은 피조물을 형성한다.

이 장 초반에 우리는 4단계의 양식이 존재하는 모든 것의 기초가 된다고 한 바 있다. 그러므로 세계들도 그 단계들의 창조에서 작용하는 것과 같은 모델에 따라 진화한다. 〈그림 4〉의 왼쪽은 단계 4의 내용을 살펴본 것인데 이는 그 상위와 하위 부분으로 분리되는 것과 상위 부분은 세계들을 포함하고 있고, 하위 부분은 피조물을 포함하고 있음을 보여준다.

그러면 단계 4와 그것이 어떻게 스크린과 상호 작용하는지에 관하여 조금 더 깊이 관찰해보자. 결국 단계 4는 우리 자신이므로 그것이 작용하는 법을 이해한다면 우리 자신들에 관한 무언가를 배울 가능성이 있다.

단계 4, 말훗은 갑자기 어디서 튀어나온 것이 아니다. 그것은 단계 3에서 진화했고, 단계 3은 단계2에서 진화했다. 한 예로 에이브러햄 링컨은 갑자기 대통령으로 불쑥 나타난 것이 아니다. 그는 아기에서 아이로, 청년으로, 그리고 성인으로 자라 마침내 대통령이 되기에 이른 것이다. 시초의 단계들은 사라지지 않는다. 그 단계들이 없었다면 링컨은 대통령이 되지 못했을 것이다. 우리가 그 시초의 단계들을 볼 수 없는 이유는 가장 발달된 수준이 항상 지배적이고, 덜 발달된 것에 그늘을 지우기 때문이다. 그러나 그 마지막의 가장 상위 단계는 그 안에 이들 다른 단계들의 존재를 느낄 뿐만 아니라 이들과 더불어 작용한다.

이것이 바로 우리가 아이처럼 느낄 때가 많은 이유이다. 특히 우리가 성장하지 못한 곳들이 건드려질 때 더욱 그러하다. 단순하게 말해서 이곳들은 성인의 막에 의해 덮이지 않았기 때문에 그 부드러운 곳들은 우리로 하여금 어린이처럼 무방비하게 느끼도록 만드는 것이다.

이 다층 구조가 결과적으로 우리를 부모가 되게 한다. 어린이들을 키우는 과정에서 우리는 현재와 이전의 단계들을 겸한다. 우리는 아이들이 겪는 상황과 비슷한 경험들이 있기 때문에 그들을 이해하며, 수년에 걸쳐 축적한 지식과 경험들로 그런 상황들에 대처

하는 것이다.

우리가 이런 식으로 만들어진 이유는 말훗(흔히 사용되는 이름으로 부르자면)이 이와 똑같은 방식으로 만들어졌기 때문이다. 모든 말훗의 이전 단계들은 그 안에 존재하고, 그 구조를 유지하는 데 도움을 준다.

최대한 창조주와 비슷해지기 위해서 말훗은 그 안에 존재하는 욕구의 모든 단계들을 분석한 후, 각 단계 내에서 작용 가능한 욕구들과 그렇지 않은 욕구들로 나누어진다. 그러나 작용 가능한 욕구들이 창조주에게 주기 위해서 받는 데만 이용되는 것은 아니다. 그 욕구들은 창조주가 말훗을 '그'와 동일화시키는 작업을 완성하는 데도 도움을 준다.

창조주와 동일해진다는 임무를 실행하기 위해서 올바른 진화 환경을 만들어야만 피조물이 창조주처럼 될 수 있다고 이미 설명했다. 세계들, 즉 작용 가능한 욕구들이 하는 일은 바로 이것이다. 세계들은 창조주에게 베풀기 위해서 받는 법을 작용 불가능한 욕구들에게 보여주고, 그렇게 함으로써 작용 불가능한 욕구들이 스스로를 교정하도록 돕는다.

세계와 피조물의 관계를 이해하려면 건설 노동자들 집단 속에서 한 일꾼이 할 일을 전혀 모르는 상황을 상상하면 된다. 모든 세계는 작업을 하는 법, 즉 드릴과 망치를 사용하는 법 등을 보여줌으로써 피조물을 가르친다. 영적인 차원에서 세계는 모두 창조주가 그들에게 준 것, 그리고 올바른 방법으로 그것을 사용하는 법을 피조물에게 보여준다. 아주 조금씩 피조물 또한 그 욕구들을 이런 식으로 이용하기 시작한다. 우리가 사는 세상에서 욕구가 가장 순한 것에서 가장 격렬한 순으로 점진적으로 나타나는 이유도 여기에 있다.

욕구는 다음과 같은 방식으로 나누어진다. 아담 카드몬의 세계는 무생물 수준의 작용 가능한 부분이고, 무생물 수준의 하위 부분인 피조물은 작용 불가능한 부분이다. 사실 무생물 수준은 고정되어 있고, 그 자체의 욕구를 이용하지 않기 때문에 무생물 수준에서 교정할 것은 존재하지 않는다. 무생물 수준(두 부분 모두)은 그 후에 따라올 모든 것의 뿌리일 뿐이다.

● ●
────────────────────────────────────

지금까지 우리가 배운 전부를 통해서도 우리가 이야기해온 다섯 세계 가운데 어느 것이 우리가 사는 세상인지 여전히 알 수 없다. 사실 우리 세계는 그중의 하나가 아니다. 영적인 차원에서는 상태만이 존재할 뿐 장소란 존재하지 않는다. 더 높은 세계일수록 더 이타적인 상태를 나타낸다. 우리의 세상을 아무데서도 언급하지 않는 이유는 영적 세계들은 이타적이고, 우리처럼 우리 세계는 이기적이기 때문이다. 이기주의는 이타주의에 정반대되기 때문에 우리 세계는 영적 세계들로부터 떨어져 있는 것이다. 이것이 바로 카발리스트들이 묘사한 구조 속에서 우리 세계를 언급하지 않은 이유이다. 뿐만 아니라 우리가 창조주처럼 됨으로써 그 영적 세계들을 창조하지 않았다면 그 세계들은 사실상 존재하지 않는다. 그러나 그들이 과거형으로 언급되는 이유는 우리 세계에서 영적 세계들로 올라간 카발리스트들이 자신들이 발견한 것에 대해 말하기 때문이다. 우리들 또한 영적 세계들을 발견하기를 원한다면 이타적이 됨으로써 이 세계들을 우리 안에 재창조해야만 할 것이다.

다음으로 아찔룻(Atzilut) 세계는 식물적 수준의 작용 가능한 부분이고, 식물적 수준의 하위 부분인 피조물은 작용 불가능한 부분이다. 베리아(Beria) 세계는 생물적 수준의 작용 가능한 부분이고, 생물적 수준의 하위 부분인 피조물은 작용 불가능한 부분이다.

예찌라(Yetzira) 세계는 인간적 수준의 작용 가능한 부분이고, 그 수준의 하위 부분인 피조물은 작용 불가능한 부분이다. 마지막으로 아시야(Assiya) 세계는 가장 강렬한 수준의 욕구들인 영적 수준의 작용 가능한 부분이고, 영적 수준의 하위 부분인 피조물은 작용 불가능한 부분이다.

이제 우리가 인류를 교정하면 그와 동시에 다른 모든 것들이 교정될 것이라는 이유를 이해할 수 있다. 그러므로 우리와 우리에게 일어난 일에 대해 살펴보자.

아담 하 리숀 – 공공의 영혼

아담 하 리숀, 공공의 영혼(피조물)은 이곳에서 일어나는 모든 일의 실제적 뿌리이다. 이것은 영적 세계들의 형성이 완성될 때 나타나는 욕구들의 구조이다. 위에서 언급하였듯 아담 카드몬, 아찔릇, 베리아, 예찌라, 아시야로 이루어진 다섯 세계들은 단계 4의 상위 부분의 발달을 완성시킨다. 그러나 하위 부분은 여전히 발달될 필요가 있다.

다른 말로, 영혼은 처음 창조되었을 때부터 창조주에게 주기 위해서 빛을 받을 수 없는 작용 불가능한 욕구들로 구성되어 있다. 이제 그 욕구들은 작용 가능한 욕구들인 세계들의 도움으로 차례차례 표면으로 드러나서 작용 가능하게 교정되어야 한다.

그래서 단계 4의 상위 부분과 마찬가지로 그 하위 부분들도 무생물, 식물, 생물, 인간적 수준의 욕구들로 나뉜다. 아담 하 리숀은 네 기본 단계들, 그리고 세계들과 같은 단계들에 따라 진화한다. 그러나 아담의 욕구들은 이기적이고 자기중심적이라는 점이 시작부터 아담이 빛을 받을 수 없었던 이유이다. 그 결과 아담의 영혼의 부분들인 우리는 완전함과 하나됨이라는 느낌을 잃어버렸다.

우리는 영적 세계가 움직이는 법을 이해해야 한다. 창조주의 욕구는 주는 것이고, 이것이 바로 '그'가 우리를 창조하고, 우리를 지탱하는 이유이다. 이미 말했듯이 받으려는 욕구는 선천적으로 자기중심적이다. 주려는 욕구는 반드시 받는 자를 향하여 바깥쪽에 초점을 맞추는 반면 받으려는 욕구는 자기 쪽으로 빼앗아 간다. 받으려는 욕구가 창조를 할 수 없는 이유가 여기에 있다. 또한 이것은 창조주가 주려는 욕구를 가져야 하는 이유이기도 하다. 그렇지 않다면 '그'는 창조를 할 수가 없었을 것이다.

창조주가 주기를 원하기 때문에 '그'가 창조하는 모든 것은 반드시 받기를 원할 것이다. 그렇지 않을 경우 '그'는 줄 수가 없을 것이다. 그래서 창조주가 받으려는 욕구를 제외하고는 아무것도 없는 존재로 우리를 창조했다는 것을 이해하는 것이 중요하다. 받으려는 욕구 외에 우리 안에 존재하는 것은 없고, 받으려는 욕구 외에 우리 안에 존재해야만 하는 것은 없다. 그래서 우리가 창조주로부터 받으면 그 원은 완벽하다. '그'는 행복하고 우리도 행복하다. 그렇지 않은가?

  실제로는 그렇다고 하기 어렵다. 받는 것만이 우리가 원하는 전부라면 우리는 주는 자와 관계를 형성할 수가 없다. 받음이 어디서 오는 것인지 이해하기 위해서 밖으로 눈을 돌리게 할 것이 우리 안에는 존재하지 않는다. 우리는 받으려는 욕구를 가져야만 하지만, 또한 주는 자를 알아야만 하고, 그를 위해 주려는 욕구를 필요로 해야 하는 것이 당연하다. 우리가 단계 1과 단계 2를 가진 이유가 바로 여기에 있다.

  이 두 가지 욕구를 다 가지는 길은 창조주가 우리 안에 심어주지 않은 새로운 욕구를 창조하는 것이 아니라 우리가 그 과정에서 경험할 수도 있고, 그렇지 않을 수도 있는 그 기쁨에 상관없이 우리가 주는 자에게 주고 있는 기쁨에 전적으로 중점을 두는 것이다. 이것을 '베풀려는 의도'라고 한다. 이것이야말로 교정의 본질이자 우리 인간들을 이기주의자들에서 이타주의자들로 변화시키는 것이다. 그리고 마침내, 일단 우리가 이 본질을 습득하게 되면 우리는 창조주와 연결할 수 있다. 영적 세계들이 우리에게 가르쳐주려 하는 것이 바로 이것이다.

우리가 창조주와 연결되었다고 느낄 때까지 우리는 아담 하 리숀의 영혼의 부서진 조각들, 즉 교정되지 않은 욕구들로 간주된다. 베풀려는 의도를 가지는 순간 우리는 교정되고, 창조주와 전 인류에게 연결된다. 우리 모두 교정될 때 우리는 심지어 아담 카드몬의 세계 너머에 존재하는 우리의 뿌리 단계, 즉 '창조의 생각' 그 자체에 다시 한 번 도달하게 될 것이다. 이 뿌리 단계를 에인 소프(Ein Sof, 끝없음)라고 하는데 그것은 우리의 실현이 끊임없고 영원할 것이기 때문이다.

요약

창조의 생각은 창조주와 비슷한 피조물을 만듦으로써 기쁨과 쾌락을 주는 것이다. 이 생각(빛)이 기쁨과 쾌락을 받으려는 의지를 창조한다.

그 후에 주는 것이 창조주와 비슷하며, 확실히 그것이 더 탐나기 때문에 받으려는 의지는 주고 싶어 하기 시작한다. 그런 다음 의지는 창조주에게 기쁨을 주는 길이 받는 것이므로 받으려는 의지는 받기로 결정한다. 그리고 나면 받으려는 의지는 그를 창조한 '생각'을 알고 싶어 한다. 모든 것을 아는 것보다 더 큰 기쁨이 없기 때문이다. 마침내 받으려는 의지(피조물)는 베풀려는 의도를 가지고 받기 시작한다. 주는 것은 피조물을 창조주와 닮게 하고, 창조주의 생각을 연구할 수 있는 법이 바로 이것이기 때문이다.

  베풀기 위해서 받을 수 있는 욕구들이 세계들을 창조하고, 그러한 욕구들은 창조의 상위 부분으로 간주되며, 베풀기 위해서 이용될 수 없는 욕구들은 아담 하 리숀의 공공의 영혼을 구성한다. 그러한 욕구들은 창조의 하위 부분으로 간주된다.

  각 세계들과 영혼은 비슷하게 구성되어 있지만 다른 욕구의 강도를 지니고 있다. 그렇기 때문에 각 세계들은 영혼에게 베풀기 위해서 어떻게 작용해야 하는지 보여줄 수 있고, 그렇게 함으로써 아담 하 리숀이 교정되도록 도와줄 수 있다.

  요약하자면, 각 욕구는 특정한 세계 안에서 교정된다. 무생물 수준은 아담 카드몬 세계, 식물적 수준은 아찔룻 세계, 생물적 수준은 베리아 세계, 인간적 수준은 예찌라 세계에서, 그리고 영적 욕구는 우리 물질적 우주 안에서 가장 하위 부분인 아시야 세계에서만 교정될 수 있다. 그리고 이것이 우리가 다음 장에서 공부할 내용이다.

우리의 우주

3장 초반에서 창조의 생각은 다른 모든 것이 창조되기 이전에 존재하였음을 설명했다. 이 생각은 받으려는 욕구의 단계 1부터 4에 걸쳐 창조하였고, 아담 카드몬의 세계에서 시작하여 아시야의 세계까지 창조하였으며, 그 후 아담 하 리숀의 영혼을 창조하였다. 이것이 오늘날 우리가 가지고 있는 무수한 영혼들 속으로 침투했다.

이 창조의 순서는 모든 것이 위에서 아래로, 영적인 것에서 물질적인 것으로 진화하는 것이지 그 반대로는 작용하지 않는다는 것을 우리에게 상기시켜주기 때문에 이 순서를 기억하는 것은 매우 중요하다. 쉽게 말해서, 이는 우리 세계가 영적인 세계들에 의해 창조되었고, 지배된다는 것을 뜻한다.

뿐만 아니라 우리가 사는 세상에서 일어나는 일 가운데 저 위에서 먼저 일어나지 않은 일은 하나도 없다. 그리고 우리 세상과 영적 세계들 간의 유일한 차이는 영적 세계들 안의 일들은 이타적인 의도를 반영하고, 우리 세상에서의 일들은 이기적인 의도를 반영한다는 것이다.

폭포가 떨어지는 이치와 같은 세계들의 구조 때문에 우리 세상은 영적 과정과 발생의 '결과의 세계'라고 불린다. 우리가 여기서 무엇을 하든 영적 세계들에는 어떠한 영향도 주지 않는다. 그러므로 우리가 사는 세상에서 어떤 것을 바꾸고 싶다면 우리의 세상 '통제실(control room)'인 영적 세계들로 올라가 거기서 우리 세상에 영향을 미쳐야 한다.

피라미드

영적 세계에서 그러하듯 우리 세상의 모든 것은 0에서 4까지의 다섯 단계를 따라 진화한다. 우리 세상은 피라미드처럼 만들어져 있다. 이 세상 진화의 시작인 밑바닥에는 수조 톤의 물질로 구성된 무생물 수준이 존재한다(그림 5를 보라).

이 같은 수조 톤의 물질 안에서 길을 잃은 것은 바로 지구라는 조그마한 알맹이이다. 그리고 이 지구상에 식물적 수준이 등장한다. 자연히 지구상의 초목은 지구상의, 전 우주 안의 물질의 양에 비한다면 더더욱, 무생물적 물질보다 양적으로는 훨씬 더 적다.

생물적인 것은 식물적인 것 후에 나타났고, 식물적인 것에 비교한다고 해도 아주 적은 양을 가지고 있을 뿐이다.

물론 인간적 수준은 최후에 등장했고, 모든 것 가운데 가장 적은 양을 소유한다.

최근 인간적 수준에서 또 다른 수준이 싹텄다. 그것은 바로 영적인 수준 혹은 영성이라고 불리는 것이다. (여기서 우리는 지질학적 시간을 얘기하므로 우리가 최근이라고 말하는 것은 몇천 년 전에 일어났다는 것을 의미한다.) 창조에 대하여 전체적으로 파악할 수는 없지만 창조의 피라미드(그림 5)를 살펴보고 이웃하는 각 두 수준 간의 비율을 생각해 보면, 이 영적인 욕구가 정말로 얼마나 특별하고 최근의 것인지 이해하기 시작할 것이다. 실제로 대략 우주가 존재해 온 150억 년이라는 시간을 24시간이라는 단 하루로 생각해 보면 영적인 욕구는 0.0288초 전에야 등장했다. 지질학적인 표현으로 이것은 지금이다.

그러므로 상위적인 수준의 욕구일수록 더 희귀하고 더 젊다. 또 한편으로 인간적 수준 위의 영적 수준의 존재는 우리가 우리의 진

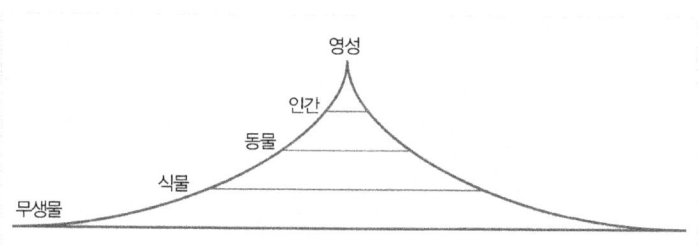

그림 5: 현실의 피라미드는 또한 욕구의 피라미드이기도 하다. 그것은 영적 세계와 물질 세계 양쪽 모두에 유용하다.

화를 완성하지 않았음을 암시한다. 진화는 예전처럼 역동적이지만 우리가 맨 끝에 등장하는 수준이기에 우리가 그 수준의 꼭대기에 있다고 생각하는 것은 당연하다. 그러나 우리가 그 꼭대기에 있을지는 모르나 최후의 수준에 있지는 않다. 우리는 오직 이미 등장한 수준들의 마지막에 있을 뿐이다.

최후의 수준은 우리 몸을 숙주로 사용하겠지만 생각, 느낌, 존재에 있어서 전혀 새로운 방법으로 구성될 것이다. 그것은 우리 안에서 이미 진화하고 있으며 이는 영적 수준이라고 불린다.

육체적 변화나 새로운 종은 전혀 요구되지 않고, 단지 세상에 대한 우리의 인식에서 내적 변화가 필요하다. 이것이 바로 다음 단계를 정의하기 어려운 이유이다. 그것은 우리 안에 존재하며 하드드라이브의 데이터처럼 우리의 레쉬못(Reshimot) 안에 적혀 있다. 이 데이터는 우리가 알든 모르든 상관없이 읽혀질 것이고 실행될 것이다. 올바른 소프트웨어인 카발라의 지혜를 사용해서 그 데이터를 읽는다면 우리는 훨씬 빠르고 즐겁게 그것을 읽고 실행할 수 있을 것이다.

위에서처럼 아래에서도

빛의 기본 네 가지 단계로 구성된 지상의 단계들 간에 평행선을 그려보면 무생물 시대는 뿌리 단계, 식물 시대는 단계 1, 생물 시대는 단계 2, 인간 시대는 단계 3, 그리고 영적 시대는 단계 4에 해당한다.

지구 행성은 몇십억 년이라는 기간을 타는 듯 아주 뜨거운 시절로 보냈다. 지구가 식기 시작했을 때 식물 생명이 등장했고, 그것이 몇억 년이라는 기간 동안 행성 위에 군림했다. 그러나 영적 피라미드 상의 식물적 수준이 무생물적 수준보다 훨씬 더 좁듯이, 식물의 육체적 기간도 지구의 무생물적 기간보다 짧았다.

식물 단계를 완성한 후에는 생물 기간이 왔다. 이전의 두 수준과 마찬가지로 영적 피라미드 상의 식물적·생물적 수준들 간의 비율에 맞추어 생물 시대는 식물 시대보다 훨씬 짧았다.

영적 피라미드의 인간적 수준은 지난 4만 년 정도쯤 존재해 왔다. 인류가 그 네번째(그리고 마지막) 단계의 진화를 마무리할 때 진화는 완성되고, 인류는 창조주와 다시 하나가 될 것이다.

네번째 단계는 5000년쯤 전에 시작되었고, 그때 처음으로 가슴 속의 한 점이 나타났다. 영적 세계에서와 마찬가지로 이 점을 처음으로 경험한 인간의 이름은 아담이었다. 그는 아담 하 리숀(히브리어로 첫번째 인간을 의미)이었다. 아담이라는 이름은 히브리어 아다메 레 엘리온(Adameh la Elyon, 상위의 것을 닮을 것이다)에서 온 것으로, 이는 보레처럼 되고 싶은 아담의 욕구를 반영한다.

21세기를 시작하는 지금 이 시기에 진화는 그 네번째 단계, 보레처럼 되려는 욕구의 발달을 완성시키고 있다. 이것이 바로 오늘날 점점 더 많은 사람들이 그들의 물음에 대한 영적인 해답을 찾고 있는 이유이다.

사다리 위에는

카발리스트들이 말하는 영적인 진화란 영적 사다리를 오르는 것을 말한다. 카발리스트 예후다 아쉴락이 《조하르의 책》에 대한 자신의 해설을 '페루쉬 하 술람(Perush HaSulam, 사다리의 해설)'이라고 이름 지은 이유도 여기에 있으며, 이로 인해 그는 바알 하 술람(Baal HaSulam, 사다리의 주인)이라고 불리게 되었다. 그러나 몇 쪽만 돌아가면 '사다리 위에는'이란 사실상 '뿌리로 돌아가서'를 뜻한다는 것을 발견할 수 있다. 이는 우리가 이미 그 위에 존재한 적이 있기 때문이지만, 지금 우리는 스스로의 힘으로 다시 그리로 돌아갈 방법을 찾아내야 한다.

그 뿌리는 우리의 최종 목표이고, 우리가 궁극적으로 향하고 있는 곳이다. 그러나 빠르고 평화롭게 거기에 도달하기 위해서는 그에 대한 거대한 욕구, 즉 클리가 있어야 한다. 그런 영적 욕구는 오직 '빛'으로부터, 보레로부터 올 수 있다. 하지만 충분히 강한 욕구가 만들어지기 위해서는 환경에 의해 강화되어야 한다.

이를 좀 더 명확히 해보자. 케이크를 한 조각 원한다면 나는 마음속에 그 케이크의 씹히는 느낌, 색, 달콤한 향기, 입안에서 살살

녹을 그 맛을 그려볼 것이다. 생각하면 할수록 나는 더 그 케이크를 원하게 된다. 카발라식으로 우리는 '둘러싸는 빛'으로 인해 '케이크가 나를 위해 빛난다'라고 말할 수 있다.

그러므로 영적인 것을 원하기 위해서는 우리로 하여금 영적인 기쁨을 원하도록 만들어줄 '둘러싸는 빛'을 얻을 필요가 있다. 이 빛을 더 많이 모을수록 우리는 더 빨리 발전할 것이다. 영적인 것을 원한다는 것은 '만(MAN)을 올린다'라고 일컫는데, 그것을 행하는 기술은 케이크에 대한 욕구를 증가시키는 것과 똑같다. 즉 그것을 상상해 보고, 그에 대하여 얘기하고, 그에 대해 읽고, 생각해 보고, 그것에 초점을 맞추기 위해서 최선을 다하면 된다. 그러나 어떤 욕구를 증가시키기 위한 가장 강한 수단은 우리의 사회 환경이다. 우리는 환경을 이용하여 우리의 영적 욕구, 우리의 만(MAN)을 강화시킬 수 있고, 그리하여 우리의 발전을 가속화할 수 있다.

6장에서 환경에 대하여 더 다루게 되겠지만 지금은 이렇게 생각해 보자. 만약 내 주위의 모든 사람이 똑같은 것에 대해 얘기하고, 모두 그것을 원한다면, 그리고 인기 있는 것이 유일하게 하나만 존재한다면 나는 그것을 원하게 되어 있다.

2장에서 욕구, 클리의 등장은 우리의 뇌로 하여금 이 클리를 오르(빛)로 채울 방법, 즉 그 욕구를 만족시킬 방법을 찾도록 강요한다는 것을 언급했다. 클리가 크면 클수록 빛은 더 거대하고, 빛이 거대하면 할수록 더 빨리 우리는 올바른 길을 발견할 것이다.

> **빛을 일컬어 둘러싸는 빛, 혹은 단순히 빛이라고 부르는데 차이가 있을까?**
> 둘러싸는 빛과 빛이라는 다른 이름은 똑같은 빛의 두 가지 역할과 관련이 있다. 둘러싸는 빛이라고 간주되지 않은 단순한 빛은 우리가 기쁨으로 경험하는 빛을 말하고, 둘러싸는 빛은 빛이 최종적으로 들어가는 곳인 우리의 클리를 만드는 빛이다. 둘 다 사실은 한 빛이지만 우리가 클리를 교정하고, 만드는 것으로 그것을 경험할 때 우리는 그것을 둘러싸는 빛이라고 부른다. 그리고 우리가 그것을 순수한 기쁨으로 느낄 때는 빛이라고 부른다.
> 클리를 계발하기 전에는 우리가 빛을 전혀 받지 않을 것임은 당연하다. 그러나 빛은 거기에 존재하며, 자연이 항상 우리를 감싸는 것과 마찬가지로 그 빛이 우리의 영혼을 둘러싸고 있다. 그러므로 우리에게 클리가 없을 경우에는 그 둘러싸는 빛이 클리에 대한 우리의 욕구를 증가시킴으로써 우리의 클리를 창조하는 것이다.

우리는 여전히 둘러싸는 빛이 우리의 클리를 만드는 법과, 왜 그것이 처음부터 빛이라고 불리는지 이해할 필요가 있다. 이 모든 것을 이해하려면 레쉬못의 개념을 이해해야 한다.

영적 세계들과 아담 하 리숀의 영혼은 특정한 질서 속에서 진화했다. 영적 세계들 안에는 아담 카드몬, 아찔룻, 베리아, 예찌라, 아시야가 있고, 아담 하 리숀 안에서 진화는 출현하는 욕구들의 종류에 따라 무생물적·식물적·생물적·인간적·영적 욕구로 일컬어지는 것들이 있다.

우리가 어린 시절에 대해 잊어버리지 않고 현재 경험들 속에서 그 과거의 일들에 의존하는 것과 흡사하게, 진화의 과정 속에서 완성된 각 단계는 사라져버리는 것이 아니라 우리의 무의식적이고 영적인 기억 속에 등록된다. 달리 말하면 우리 내면에는 우리가 창조의 생각과 하나였던 때부터 지금 이날까지 거쳐 온 영적 진화의 전체 역사가 자리 잡고 있다. 영적 사다리를 타고 올라간다는 것은 그러한 기억들을 들추어내고, 우리가 이미 경험했던 상태들을 다시 한 번 기억한다는 것을 뜻한다.

그러한 기억들을 레쉬못(기록들)이라고 일컫는데 각 레쉬모(Reshimo, 레쉬못의 단수)는 특정한 영적 상태를 상징한다. 우리의 영적 진화가 특정한 질서에 따라 전개되었기 때문에 이제 그 레쉬못은 그와 똑같은 질서에 따라 우리 내면에서 부상한다. 즉 우리는 새로운 것을 창조하는 것이 아니라, 우리가 알아채지 못하고 있지만 이미 일어났던 일들을 기억 해내고 있을 따름이기에 우리 미래의 상태들은 이미 결정되어 있는 것이다. 우리가 결정할 수 있는 오직 한 가지는 얼마나 빨리 그 사다리를 타고 올라갈 수 있느냐다. 이에 대해서는 나중에 더 깊이 검토할 것이다. 더 열심히 사다리를 올라갈수록 이 상태들은 더 빨리 변화할 것이고, 우리의 영적인 발전도 더 빨라질 것이다.

우리가 레쉬모를 완전히 경험하게 될 때 레쉬모는 완성되며, 사슬과 마찬가지로 한 레쉬모가 끝이 날 때 그 다음 레쉬모가 나타난다. 그 다음 레쉬모가 원래는 현재의 레쉬모를 창조하였으나, 지금 우리는 사다리를 돌아 올라가고 있기 때문에 현재의 레쉬모가 본래의 레쉬모를 창조한 창조주를 일깨우고 있는 것이다. 그러므로 우리 현재의 상태가 끝이 나서 편히 쉴 수 있기를 기대해서는 안 된다. 현재의 상태가 끝에 이르면 그 다음 상태로 이어지고, 이것은 우리가 교정을 완성할 때까지 계속되기 때문이다.

우리가 (영적으로) 이타적이 되려고 할 때 우리의 교정된 상태에 더 가까워지는 것은 우리가 레쉬못을 더 빨리 일깨우기 때문이다. 그들 레쉬못은 더 높은 영적 경험들의 기록이기 때문에 그것들이 우리 안에 창조하는 느낌은 더 영적인 것이다.

그때가 되면, 그 상태 속에 존재하는 하나됨, 연결, 사랑을 우리는 멀리서 희미하게 비치는 빛과 흡사하게 어렴풋이 느끼기 시작한다. 그 빛에 다다르려 애쓸수록 우리는 그에 더 가까이 다가가게 되고, 그 빛은 더 강하게 발한다. 뿐만 아니라, 그 빛이 강하면 강할수록 그에 대한 우리의 욕구도 더 강해지며, 그로 인해 그 빛이 우리의 클리, 즉 우리의 영적인 욕구를 형성하는 것이다.

이쯤 되면 우리는 둘러싸는 빛이라는 이름이 우리가 그것을 느끼는 법을 완벽하게 묘사한다는 것을 알게 된다. 그것을 경험하지 못하는 한 우리는 그것을 천상의 기쁨이라는 눈먼 약속을 미끼로 우리를 사로잡는 외부의 무엇으로 여길 뿐이다.

매번 그 빛이 우리가 다음 단계로 나아갈 수 있도록 충분히 큰 클리를 지으면, 다음 레쉬모가 따라오게 되고 새로운 욕구가 우리 내면에 등장하게 된다. 우리는 왜 우리의 욕구들이 바뀌는지 모르지만, 그것은 그 욕구들이 언제나 우리 현재 단계보다 한 단계 더 높은 레쉬모의 부분이기 때문이다. 아무리 그렇게 보이지 않을 때조차도 실제는 현재 단계보다 한 단계 높은 레쉬못의 부분에 우리의 욕구가 있다.

그러므로 지난 레쉬모가 우리를 현재 상태로 이끌었던 것과 똑같이, 새로운 욕구는 이제 새로운 레쉬모로부터 다가온다. 이것이 우리의 사다리 오르기를 이어 가는 방법이다. 그것은 우리가 창조주와 평등하고 하나가 되는 때, 즉 창조의 목적, 또는 우리 영혼들의 뿌리에 이르러야 끝이 나는 레쉬못과 상승의 소용돌이선이라 할 수 있다.

영적인 욕구

사람마다 다른 점이 있다면…….
사람들 간의 유일한 차이점은 그들이 기쁨을 얻고자 하는 방법에 있다. 그러나 기쁨이란 그 자체로 정해진 형태가 없을 뿐만 아니라 감지할 수조차 없다. 그럼에도 불구하고 기쁨에 다른 옷을 입히거나 색을 칠함으로써 여러 종류의 기쁨이 존재하는 듯한 환상을 만들어내는 것이다. 실제로도 아주 다른 종류의 색칠이 된 기쁨들이 있다는 것은 사실이다.

기쁨이 기본적으로 영적이라는 사실은 왜 우리가 기쁨의 외적인 색칠이 아니라 그 자체의 순수하고 순전한 형태(즉 창조주의 빛)로 기쁨을 느끼고

자 하는 무의식적인 갈망을 갖게 되는지 설명해준다.

그리고 사람들 간의 차이점이 각각 바라는 기쁨의 색칠에 있다는 것을 모르기 때문에 우리는 그들이 편애하는 색칠에 따라서 그들을 평가한다. 우리는 어린이의 사랑과 같은 특정 기쁨의 색칠을 도리에 맞는다고 느끼지만, 마약과 같은 색칠은 용납할 수 없다고 여긴다. 용납할 수 없는 색칠을 우리 안에서 솟아나는 기쁨으로 느낄 때 우리는 그 색칠에 대한 우리의 욕구를 억지로 숨기게 된다. 그러나 숨긴다고 하여 그 욕구가 없어지는 것이 아니며 그 욕구가 바로잡아지는 것은 더더욱 아니다.

다시 한 번 언급하건대 단계 4의 하위 부분은 아담 하 리숀의 영혼의 실질이다. 커져가는 욕구들에 따라 세계들이 만들어진 것과 마찬가지로 아담의 영혼(인류)은 0(무생물 단계)에서 4(영적 단계)라는 다섯 단계를 통해 진화했다.

각 단계가 떠오르면 인류는 그것이 소멸되는 때까지 최대한으로 그것을 경험한다. 그런 다음 우리 안에 뿌리박힌 레쉬못의 순서에 따라 그 다음 단계의 욕구가 나타나게 되어 있다. 우리는 지금까지 무생물에서 인간적 단계까지 모든 욕구들의 모든 레쉬못을 경험했다. 인류의 진화가 완성되기 위해 남은 것은 우리가 영적 욕구들을 최대한 경험하는 것이 전부이다. 그러면 창조주와 우리의 하나 됨이 이루어질 것이다.

실제로 카발리스트 이삭 루리아(Isaac Luria, 하 아리)가 설명한 대로 다섯번째 단계의 욕구 출현은 16세기로 거슬러 올라간다. 그러나 오늘날 우리는 다섯번째 단계 내에서도 가장 강렬한 종류, 즉 영적 단계 안의 영적 단계의 등장을 목격하고 있다. 뿐만 아니라 수백만 명의 사람이 자신의 의문들에 대한 영적인 해답을 구하고 있음을 볼 때 그 다섯번째 단계의 등장을 우리는 거대한 숫자로 목격하고 있는 것이다.

오늘날 나타나는 레쉬못은 이전에 비해서 영적인 것에 더 가깝다. 사람들이 던지는 근본적인 물음들은 그들의 기원과 관련되어 있다. 그들 가운데 대부분은 의식주가 해결되고, 자신과 가족들을 돌보는 데 충분할 만큼 돈을 버는데도 불구하고 우리가 무슨 목적으로, 누구의 계획에 의해서, 어디로부터 왔는지에 관한 물음들을 지니고 있다. 각 종교가 제공하는 대답들에 만족하지 못할 때 우리는 다른 학문에서 그 답을 찾고자 한다.

단계 4와 다른 모든 단계들 간의 가장 중요한 차이는, 이 단계에서는 우리가 '의식적으로' 진화해야만 한다는 점이다. 이전의 단계들에서는 언제나 자연이 한 단계에서 다음 단계로 움직이도록 강요했다. 자연은 우리의 현재 상태가 너무도 불편하여 그것을 바꿀 수밖에 없도록 느끼기에 충분할 만큼 우리를 압박했다. 자연은 이런 방식으로 인간, 생물, 식물, 그리고 무생물에 이르기까지 자연의 모든 부분들을 발달시킨다.

우리는 선천적으로 게으르기 때문에 압박을 견딜 수 없는 지경에 이르러서야 한 상태에서 다음으로 움직인다. 그렇지 않다면 우리는 손도 까딱하지 않을 것이다. 이것은 단순한 논리이다. 내가 있는 자리에서 편하다면 움직일 이유가 없지 않은가?

그러나 자연은 다른 계획을 가지고 있다. 자연은 우리가 현재 상태에서 흡족하도록 내버려두지 않고 우리가 자연 자체의 단계, 즉 창조주의 단계에 이를 때까지 진화하기를 원한다. 이것이 창조의 목적이다.

그러므로 우리에겐 두 가지 선택의 여지가 있다. 우리는 고통스러운 자연의 압박을 통해 진화를 선택하거나 그렇지 않으면 우리 의식의 발달에 참여함으로써 고통 없이 진화할 수 있는 길을 선택할 수 있다. 발달되지 않은 상태로 남는다는 것은 선택이 될 수 없다. 왜냐하면 그것은 우리를 창조했을 때의 자연의 계획과 어긋나기 때문이다.

우리의 영적 단계가 진화하기 시작할 때 그 영적 단계가 진화하여 창조주와 똑같은 상태에 이르기를 우리가 '원해야만' 그것이 가능하다. 기본 네 단계 속의 단계 4와 같이 우리는 '자발적으로' 우리의 욕구를 변화시켜야 한다.

자연은 우리가 변화해야 한다는 것, 의식적으로 우리의 '뿌리'로 돌아가야 한다는 것을 깨달을 때까지 우리를 계속 압박할 것이다. 허리케인, 지진, 전염병, 테러, 그리고 모든 종류의 천재(天災)와 인재(人災)는 우리를 계속해서 강타할 것이다.

복습을 해보면, 우리의 영적인 뿌리는 단계 0에서 4에 걸쳐 진화했다. 그리고 단계 4는 세계들(그 상위 부분)과 영혼들(그 하위 부분)로 쪼개졌다. 아담 하 리숀의 공공의 영혼에서 모였던 영혼들은 창조주와 하나라는 느낌을 잊었기 때문에 부서졌다. 아담 하 리숀이 부서진 것으로 말미암아 영적 세계들(장벽의 위)을 우리 세상(아래)으로부터 분리시키는 장벽(눈에 보이지 않는 장벽)을 지닌 채 인류는 현 상태에 이르렀다.

  장벽의 아래에서 영적인 힘이 한 물질적인 입자를 창조하였고, 그것이 진화하기 시작했다. 이것이 빅뱅이다.

  카발리스트들이 영적인 세계와 육체적·물질적 세계를 말할 때 그들은 각각 이타적이거나 이기적인 특징들을 일컫고 있음을 명심해야 한다. 그들은 결코 어느 미지의 우주 속에서 물리적인 공간을 메우고 있는 세계들을 말하는 것이 아니다.

  예를 들어 우리는 우주선을 타고 예찌라 세계로 날아갈 수도 없고 우리 행동을 바꾼다고 해서 영적 세계를 발견할 수도 없다. 자연을 닮아 오직 이타적이 될 때만 우리는 영적 세계를 발견할 수 있다. 그럴 때 창조주가 이미 우리 안에 존재하고 있으며, '그'가 항상 여기서 우리를 기다리며 존재해 왔다는 것을 발견할 것이다.

  마지막 수준 이전의 모든 수준들은 그들 '자신들의' 의식 없이 진화한다. 우리 개인적인 의식에 있어서 우리가 존재한다는 사실이 우리가 우리의 존재를 의식하고 있다는 것을 뜻하지는 않는다. 네번째 단계에 이르기 전까지 우리는 거의 존재하지 않는다. 달리 말하면 우리는 가능한 한 편안한 삶을 살아가지만 우리 존재의 목적에 대해 궁금해 하지도 않은 채 우리의 실존을 당연시 여기고 있다는 것이다.

그렇지만 이것이 정말 그리도 분명한가? 미네랄은 식물이 먹고 자랄 수 있도록 존재하고, 식물은 동물이 먹고 자랄 수 있기 위해 존재하며, 미네랄과 동식물은 인간이 먹고 자랄 수 있도록 존재한다. 그러나 인간 존재의 목적은 무엇인가? 모든 수준들은 우리를 만족시키지만 우리는 무엇을, 혹은 누구를 만족시키는가? 우리 자신들? 우리의 이기심? 우리가 이런 물음들을 처음으로 가질 때가 바로 영적 욕구의 출현이자 우리의 의식적인 진화의 시작이다.

진화의 마지막 수준에서 우리는 우리가 속해 있는 과정을 이해하기 시작한다. 간단한 말로, 우리는 자연의 논리를 습득하기 시작한다. 그 논리를 이해하면 할수록 우리의 의식은 더 확장되고, 그 논리와 더 화합하게 된다. 끝에 가서 우리가 자연의 논리를 완전히 통달하게 되면 우리는 자연이 움직이는 법을 이해할 수 있을 것이다. 이 과정은 오로지 마지막 수준인 영적 상승의 수준에서 발생한다.

우리는 항상 인간 발달의 마지막 수준이 의식적이고, 자발적으로 진행되어야 함을 기억해야 한다. 영적인 성장에 대한 확고한 욕구 없이 영적인 진화는 일어날 수 없다. 아무튼 위에서 아래로의 영적 진화는 이미 일어났었다. 우리는 빛의 네 단계 아래로 떨어져서 아담 카드몬, 아찔룻, 베리아, 예찌라, 아시야라는 다섯 세계들을 거쳐 결국 이 세상 안에 놓여졌다.

우리가 지금 그 영적인 사다리를 되올라가고자 한다면 우리는 그렇게 하기로 선택해야만 한다. 창조주와 비슷해지는 것이 창조의 목적임을 잊는다면, 우리는 왜 자연이 우리를 도와주지 않는지, 또 우리가 가는 길에 왜 자주 장애물이 놓이는지 이해하지 못할 것이다.

다른 한편으로 볼 때 우리가 자연의 목표를 명심하기만 하면, 우리는 삶이 흥미로운 발견의 여정이자 영적인 보물찾기임을 느끼게 될 것이다. 뿐만 아니라 우리가 이 생의 여행에 적극적으로 참가할수록 이 발견은 더 빠르고, 더 쉽게 찾아올 것이다. 무엇보다 더 큰 장점은 우리가 역경을 육체적 삶에서 직면해야 할 시련이 아니라 우리가 대답해야 할 의문으로 느끼게 된다는 것이다. 자연이 고통스런 압박을 가한 후에야 비로소 진화하는 것보다는 우리 스스로 의식에 의해 진화하는 것이 훨씬 더 나은 이유가 바로 여기에 있다.

우리가 영적으로 발전하려는 욕구를 가지고 있다면 우리는 올바른 클리를 가지고 있는 것이며, 욕구가 실현되는 것, 즉 꽉 채워진 클리보다 더 좋은 느낌은 없다.

물론 영적인 것에 대한 욕구가 영적인 충만 이전에 와야만 한다. 빛 이전에 클리를 준비하는 것이 네번째 단계 안의 유일한 상승 수

단일 뿐만 아니라 고통과 결핍이 포함되지 않는 단 하나의 수단이기도 하다.

실제로 생각해 보면 클리를 먼저 준비하는 것보다 더 자연스러운 것은 없다. 내가 물을 마시고 싶다면, 그때는 물이 나의 빛, 즉 나의 기쁨이다. 물을 마시기 위해서 자연히 나는 클리를 먼저 준비해야만 하고, 이 경우에는 목마름이 클리가 될 것이다. 이는 이 세상에서 우리가 얻고자 하는 모든 것에 똑같이 적용된다. 만약 새 차가 나의 빛이라면 그것에 대한 나의 욕구가 나의 클리이다. 이 클리는 내가 차를 갖기 위해 일하는 힘이 되고, 다른 변덕스런 마음에 내 돈을 낭비하지 않도록 보장한다.

영적인 클리와 육체적인 클리 간의 유일한 차이는 영적인 클리에 무엇을 받게 될지 내가 잘 알지 못한다는 것이다. 수도 없이 많은 것을 상상할지 모르지만 내 현재 상태와 내가 원하는 목표 사이에 장벽이 있기 때문에 실제로 내가 그 목표에 이를 때까지는 내 목표가 어떤 것인지 진정으로 아는 것은 불가능하다. 내가 비로소 그에 다다를 때 그것은 내가 상상할 수 있었던 어떤 것보다도 훨씬 더 위대하다는 것을 발견할 것이다. 그러나 절대로 그에 이를 때까지는 그것이 얼마나 대단한지 확실히 알 수 없다. 내가 사전에 나의 보상을 안다면 그것은 진정한 이타주의가 아니라 가장된 이기주의가 된다.

요약

물질적 세상은 영적 세계와 똑같은 단계의 순서에 따라서 욕구의 피라미드를 거쳐 진보한다. 영적 세계 안에서 욕구(무생물적, 식물적, 생물적, 인간적, 영적)는 아담 카드몬 세계, 아찔룻 세계, 베리아 세계, 예찌라 세계, 그리고 아시야 세계를 창조한다. 물질 세계 안에서 욕구는 미네랄, 식물, 동물, 사람, 그리고 '가슴 속의 한 점'을 가진 사람들을 창조한다.

아담 하 리숀의 영혼이 흩어졌을 때 물질 세상이 창조되었다. 그 상태에서 모든 욕구들이 가벼운 것에서 무거운 것, 무생물적인 것에서 영적인 것으로 하나씩 나타나기 시작하며 우리 세상을 단계적으로 창조했다.

21세기 초반인 오늘날, 지금 출현하고 있는 영적인 욕구를 제외하고는 모든 단계들이 이미 완성되었다. 우리가 그 욕구를 교정할 때 우리는 창조주와 하나가 될 것이다. 우리의 영적인 욕구는 실제로 창조주와 하나가 되고자 하는 욕구이기 때문이다. 이는 세상과 인류의 진화적 과정의 최고점이 될 것이다.

영적 근원으로 돌아가려는 욕구를 증가시킴으로써 우리는 영적 클리를 만든다. 둘러싸는 빛이 그 클리를 교정하고, 또 그것을 발달시킨다. 새로운 발달의 단계마다 새로운 레쉬모가 깨어나는데, 이 레쉬모란 우리가 더 교정되었던 때에 이미 경험해 보았던 과거 상태의 기록을 말한다. 결과적으로 둘러싸는 빛이 클리 전체를 교정하여 아담 하 리숀의 영혼은 그 모든 부분들과 재결합하고, 창조주와 다시 하나가 된다.

  그러나 이 과정은 한 가지 의문을 낳는다. 만약 레쉬못이 내 안에 기록되어 있다면, 그리고 모든 상태들 또한 내 안에서 일어나고 경험된다면 이 모든 것 속에서 객관적인 현실은 어디에 있는가? 만약 다른 사람이 다른 레쉬못을 가지고 있다면 이것은 그 사람이 나와 다른 세상에 살고 있다는 것을 뜻하는가? 그리고 영적 세계들은 어떠한가? 만약 모든 것이 내 안에 존재한다면 그 세계들은 어디에 있는가? 뿐만 아니라 창조주의 보금자리는 어디인가? 계속해서 읽으면 다음 장에서 이 의문들에 대한 답을 알게 될 것이다.

누구의 현실이 현실인가

가발과 공부의 세 가지 경계선

현실에 대한 지각

상위와 하위, 모든 세계들은 내면에 담겨 있다. – 예후다 아쉴락

카발라에서 발견된 모든 예기치 못한 개념들 가운데서도 현실에 대한 개념만큼 예측 불가능하고, 비논리적이면서도 그토록 심오하고 매혹적인 것은 없다. 현실에 대해 혁명적으로 생각하는 법을 발견했던 아인슈타인과 양자물리학이 없었더라면 여기에 소개된 사고방식들은 조롱당하고 거부당했을 것이다.

기쁨을 받으려는 우리의 의지가 뿌리 단계에서 4의 단계로 발전하기 때문에 진화가 일어난다는 것은 이미 검토되었다. 그러나 만약 우리의 욕구들이 세상의 진화를 촉진시켰다면, 세상은 정말 우리 외부에 존재하는가? 우리를 둘러싼 세상은 사실상 우리가 믿고 싶은 이야기에 지나지 않을 가능성이 있는가?

우리는 창조가 '창조의 생각'에서 시작되었다고 했고, 그 '창조의 생각'이 빛의 기본 네 단계를 창조했다고 했다. 이 단계들은 10

세피롯을 포함하는데, 이는 케테르(단계 0), 호흐마(단계 1), 비나(단계 2), 헤세드, 게부라, 티페렛, 네짜흐, 호드, 그리고 예소드(이들 모두는 제이르 안핀이라는 단계 3을 구성함), 말훗(단계 4)이다.

카발리스트들이 공부하는 《조하르의 책》은 모든 현실이 오직 10세피롯으로 구성되어 있다고 말한다. 만물이 이 10세피롯의 구조로 만들어지는 것이다. 그들 간의 유일한 차이는 우리의 실체인 받으려는 의지에 얼마나 깊이 몰두되었는지에 달려 있다.

카발리스트들이 "그들이 우리의 실체에 몰입되었다."라고 말할 때 이를 이해하기 위해서 어떤 모양, 예를 들어 공이 세공용 점토 조각이나 혹은 다른 종류의 조형 점토 안으로 눌려졌다고 생각해 보라. 그 모양은 10세피롯의 집단을 나타내고, 점토는 우리들 혹은 우리 영혼을 나타낸다. 이때 아무리 그 공을 점토 안으로 깊숙이 눌러도 그 공 자체는 바뀌지 않을 것이다. 그러나 공이 점토 안으로 깊이 들어가면 갈수록 그것은 점토를 더 변화시킨다.

10세피롯의 집단과 영혼이 게임을 한다는 느낌은 어떤가? 항상 당신 주위에 있던 그 무엇의 어떤 특색이 당신의 주위를 벗어난다는 것을 갑자기 눈치챈 적이 있는가? 이것은 10세피롯이 받으려는 의지에 아주 조금 더 깊이 스며드는 느낌과 비슷하다. 간단한 말로, 우리가 이전에 깨닫지 못했던 무언가를 갑자기 깨달을 때 그것은 10세피롯이 우리 안으로 조금 더 깊이 들어왔기 때문이다.

카발리스트들은 받으려는 의지에 아비웃(Aviut)이라는 이름을 붙인다. 아비웃은 실제로는 욕구가 아니라 두께를 의미한다. 그러나 그들이 이 표현을 이용하는 것은 받으려는 의지가 커질수록 그에 더 많은 층이 더해지기 때문이다.

이미 설명한 대로 받으려는 의지, 아비웃은 0, 1, 2, 3, 4라는 다섯 가지 정도로 구성된다. 10세피롯이 아비웃의 수준들(층들) 속으로 깊숙이 빠져들수록 다양한 결합, 혹은 주려는 욕구와 받으려는 의지의 혼합이 형성된다. 이들 결합은 영적 세계들, 물질 세계들, 그리고 그 안의 모든 것을 포함한 실존하는 만물을 만들어낸다.

우리 실체(받으려는 의지) 내의 다양함이 켈림(클리의 복수)이라는 우리 인식의 도구를 만들어냈다. 즉 모든 모양, 색, 향기, 생각 등 존재하는 모든 것들이 실존하는 이유는 내 안에 그것을 인식할 수 있는 적절한 클리가 존재하기 때문이다.

이 세상이 주는 것을 공부하기 위해서 우리 뇌가 글자를 이용하는 것처럼 영적 세계가 제공하는 것을 연구하기 위해서 우리의 켈림은 10세피롯을 이용한다. 그리고 우리가 어떤 제한과 규정 내에서 이 세상을 공부하는 것처럼 영적 세계들을 연구하기 위해 우리는 그 세계들을 형성하는 규칙을 알아야 한다.

물질 세상에서 무엇을 배울 때 우리는 특정한 규칙들을 따라야 한다. 예를 들어, 어떤 것이 진실이라고 여겨지려면 그것은 경험적으로 시험되어야만 한다. 만약 그것이 효과적이라는 시험 결과가 나오면, 어떤 사람이 말이 아닌 시험들로 그것이 효과적이지 않다고 증명할 때까지 그것은 옳다고 여겨진다. 어떤 것이 시험되기 전에 그것은 이론에 지나지 않는다.

영적 세계들도 역시 경계선을 가지고 있다. 정확히는 세 가지 경계선이 있다. 만약 우리가 창조의 목적에 이르러 창조주처럼 되고 싶다면 우리는 이 경계선들을 꼭 지켜야 한다.

카발라 공부의 세 가지 경계선

첫번째 경계선-우리가 지각하는 것

《조하르 책의 서문 Preface to The Book of Zohar》에서 카발리스트 예후다 아쉴락은 네 가지 인식의 카테고리, 즉 물질, 물질 내의 형태, 추상적 형태, 본질이 존재한다고 썼다. 이 카테고리들 가운데 어떤 것이 우리에게 확실하고 믿을 만한 정보를 제공하고, 어떤 것이 그렇지 않은지를 결정하는 것이 영적 본질을 연구할 때 우리가 할 일이다.

《조하르》는 오직 처음 두 가지 카테고리만을 설명하고 있다. 다른 말로, 《조하르》는 추상적 형태, 혹은 본질의 관점에서는 한마디도 하지 않은 채, 물질의 관점, 혹은 물질 내의 형태의 관점에서 한 글자 한 글자 적혀 있다는 것이다.

두번째 경계선-우리가 지각하는 곳

이미 언급한 것처럼 영적 세계의 실체는 아담 하 리숀의 영혼이다. 이것이 영적 세계가 창조된 방법이다. 우리가 이미 영적 세계의 창조를 거쳤고, 지금보다 높은 수준으로 올라가는 길에 있지만 항상 그렇게 느껴지는 것은 아니다.

아담의 영혼이 이미 산산이 부서져 조각난 것이 우리의 상태이다. 《조하르》에 따르면, 그 조각들의 대다수, 정확히 99퍼센트는 베리아, 예찌라, 아시야 세계(BYA로 줄여 쓸 수 있음)로 흩어졌고, 남은 1퍼센트는 아찔룻 세계로 올라갔다.

아담의 영혼이 BYA 세계의 알맹이를 구성하고 있는데, 이것이 세계 곳곳에 흩어졌고, 우리 모두는 그 영혼의 조각들이기 때문에, 우리가 지각하는 모든 것은 오직 이들 세계의 부분일 수밖에 없다. 그러므로 우리에게 그렇게 보이든 말든 우리가 BYA보다 높은 세계인 아찔룻과 아담 카드몬 같은 세계에서 온다고 느끼는 모든 것은 부정확하다. 아찔룻과 아담 카드몬 세계에 대해 우리가 지각할 수 있는 모든 것은 BYA 세계의 필터를 통해 비춰지는 그들의 영상일 뿐이다.

우리 세상은 BYA 세계의 가장 낮은 수준에 있다. 사실상 이 수준은 본질에 있어서 나머지 영적 세계와 완전히 정반대에 존재한다. 이는 마치 두 사람이 등을 맞대고 서 있다가 정반대 방향으로

가는 것과 같다. 그들이 서로를 다시 만날 확률은 얼마인가?

우리가 스스로를 교정할 때 우리는 이미 BYA 세계 안에 살고 있음을 발견한다. 결과적으로 우리는 BYA 세계와 더불어 아찔룻과 아담 카드몬 세계로까지 올라갈 것이다.

세번째 경계선—지각하는 사람

이런 일들이 생기는 물질적 장소가 존재하듯이 비록 《조하르》가 각 세계의 내용과 거기서 일어나는 일에 대해 아주 상세하게 설명하고 있다 해도 사실상 《조하르》는 오직 영혼들의 경험에 관해 말하고 있다. 다른 말로, 《조하르》는 카발리스트들이 모든 것을 인식하는 법에 대해 설명하고, 그리하여 우리들 또한 그를 경험할 수 있도록 우리에게 말해주는 것이다. 그러므로 랍비 시몬 바르 요하이(Shimon BarYochi)의 아들인 랍비 아바가 말한 것처럼, 우리가 《조하르》에서 BYA 세계 내에서 일어난 일들에 대해 읽을 때 실제로 우리는 랍비 시몬 바르 요하이(《조하르의 책》의 저자)가 영적 상태를 인지한 법을 배우고 있는 것이다.

또한 카발리스트들이 BYA 너머의 세계에 대해 저술할 때 그들은 사실 특별히 그 세계에 대해 이야기하는 것이 아니라, 저자들이 BYA 세계에 있는 동안 어떻게 그 너머의 세계를 지각했던가에 대해 저술하고 있다. 카발리스트들이 그들 개인적 경험에 대해 말하기 때문에 카발라의 글에는 비슷한 점과 다른 점이 있다. 그들이 말하는 어떤 것들은 세피롯과 세계들의 이름과 같은 그 세계들의 일반적 구조와 관련이 있다. 다른 것들은 그들이 이들 세계 내에서 겪는 개인적인 경험들과 관련이 있다.

예를 들어, 뉴욕에 여행 갔던 일을 친구에게 말한다고 치자. 나는 타임스 광장이나 맨해튼과 본토를 잇고 있는 거대한 다리에 대해 이야기할 수도 있다. 그러나 또한 그 거대한 브룩클린 브리지를 자동차로 지나갔을 때 얼마나 압도적으로 느꼈고, 타임스 광장 가운데 서 있는 기분이 어떠하며, 현란한 불빛과 색깔, 소리와 완벽한 익명의 느낌 속에 잠겨 있었던 일을 이야기할 수도 있다. 처음 두 가지 예와 마지막 두 가지 예의 차이는 후자에서는 내가 개인적인 경험을 보고하고 있으며, 전자에서는 비록 사람들 각각이 그것을 다르게 경험할지라도 맨해튼에 있는 동안 모든 사람이 경험할 만한 인상적인 것들에 대해 말하고 있다는 점이다.

첫번째 경계에 대해 이야기했을 때 《조하르》는 오직 물질과 물질 내의 형태의 관점에서만 말한다고 언급했다. 물질은 받으려는 의지이고, 그 받으려는 의지가 실제로 나를 위해서, 혹은 남을 위해서 받는지, 그 받는 의도를 물질 내의 형태라고 설명했다. 간단히 말하면, 물질=받으려는 의지 , 형태=의도이다.

《조하르》를 신비한 사건들의 리포트, 혹은 옛날이야기 묶음으로 여겨서는 안 된다. 다른 모든 카발라 서적과 마찬가지로 《조하르》는 배움의 도구로 이용되어야 한다. 이는 곧 오직 당신 또한 그것이 묘사하는 것을 경험하기를 원한다면, 그 책이 당신을 도울 것임을 뜻한다. 그렇지 않다면 그 책은 당신에게 전혀 도움이 되지 않을 것이고, 당신은 그 책을 이해하지 못할 것이다.

이것을 기억하라. 카발라 책에 대한 올바른 이해는 당신 지성의 힘이 아니라 그것을 읽는 동안 당신의 의도, 당신이 그 책을 펴는 이유에 달려 있다. 당신이 그 책이 묘사하는 이타적 자질로 변화되고 싶어 한다면 그 책은 당신에게 영향을 미칠 것이다.

자체 내의, 그리고 자체의 베풂의 형태가 아찔룻의 세계라고 불린다. 추상적 형태 내의 베풂은 창조주의 속성이며, 이는 선천적으로 받는 자들인 피조물들과 전혀 관련이 없다. 그러나 피조물들(사람들)은 그들의 받으려는 의지를 베풂의 형태로 감싸서 그것이 베풂과 닮게 할 수 있다. 즉 우리는 받을 수 있고, 그렇게 함으로써 사실상 주는 자들이 된다.

우리가 단순히 줄 수 없는 두 가지 이유가 있다.

- 주기 위해서는 받고자 하는 누군가가 있어야만 한다. 그러나 우리들(영혼들)을 제외하면 창조주만이 존재하며, 그의 본성

은 주는 것이기 때문에 그는 아무것도 받을 필요가 없다. 그러므로 주는 것은 우리에게 가능한 선택이 아니다.

- 우리에게는 그런 욕구가 없다. 우리는 받으려는 의지로 구성되어 있기 때문에 줄 수가 없다. 즉 받음이 우리의 실체, 우리의 요소이다.

두번째 이유는 최초에 보이는 것보다 더 복잡하다. 카발리스트들이 우리가 원하는 모든 것은 받는 것이라고 저술할 때 그들은 우리가 하는 모든 것이 받는 것을 뜻하지 않으나, 우리가 하는 모든 일 뒤에 놓인 동기가 받는 것이라고 하는 것이다. 그들은 아주 간단하게 그것을 표현한다. 만약 우리에게 기쁨을 주는 일이 아니면 우리는 할 수 없다. 단지 우리가 하고 싶지 않다는 것뿐만 아니라, 말 그대로 우리는 할 수가 없다. 창조주(자연)가 원하는 것은 오직 주는 것이기 때문에 받으려는 의지를 지닌 우리를 창조했던 것이다. 그러므로 우리는 우리의 행동을 변화시킬 것이 아니라 그 뒤에 놓인 동기를 변화시켜야 한다.

현실에 대한 지각

이해를 설명하기 위해 많은 표현들이 사용된다. 카발리스트들에게 가장 깊은 이해의 정도는 '달성'(히브리어로 아사가)이라고 하는데, 그들이 영적 세계를 연구하기 때문에 그들의 목표는 영적 아사가에 도달하는 것이다. 인지하는 이의 아주 깊이 있고 철저한 이해로 아무런 물음이 남지 않은 것을 아사가라고 한다. 카발리스트들은 인류 진화의 최후에는 '형태의 평등' 이라 불리는 상태 속에서 우리 모두가 창조주를 '달성' 할 것이라고 설명한다.

카발리스트들은 우리가 그 목표에 도달하기 위해서 현실의 어떤 부분을 공부해야 하고, 어떤 부분을 공부하지 말아야 하는지 주의 깊이 정의했다. 이 두 가지 길을 결정하기 위해 카발리스트들은 아주 간단한 원칙을 따랐다. 만약 어떤 것이 우리로 하여금 더 빨리, 더 정확하게 배우도록 돕는다면 우리는 그것을 공부해야 한다. 그리고 만약 그렇지 않다면 그것을 무시해야 한다.

일반적으로, 그리고 특히 《조하르》에서, 카발리스트들은 틀림없이 확실한 것으로 지각할 수 있는 부분들만을 우리가 공부해야 한다고 주의시킨다. 어림짐작이 포함되는 곳에서는 시간을 낭비하지 말아야 하는데, 이는 우리의 달성이 미심쩍어질 수 있기 때문이다.

또한 카발리스트들은 인식의 네 가지 카테고리인 물질, 물질 내의 형태, 추상적 형태, 본질 중에서 오직 처음 두 가지만을 확실하게 인식할 수 있다고 말한다. 이런 이유로 《조하르》에서 다루는 것은 욕구(물질)와 그것을 이용하는 법이 전부이다. 요컨대 우리 스스로를 위해서든지 창조주를 위해서든지 말이다.

카발리스트 예후다 아쉴락은 "만약 읽는 사람이 경계선에 주의

하는 법을 모르고 문맥에서 물질을 빼내어버린다면 그 사람은 당장 혼란에 빠질 것이다."라고 말한다. 우리의 공부를 물질과 물질 내의 형태로 제한하지 않으면 이런 일이 생길 수 있다.

영적인 차원에는 '금지' 라는 것이 존재하지 않음을 우리는 이해해야 한다. 카발리스트들이 어떤 것을 금지된 것으로 단언할 때는 불가능하다는 것을 의미한다. 추상적 형태와 본질을 연구하지 말아야 한다고 카발리스트들이 말할 때에는 우리가 그렇게 하면 번개를 맞을 것이라는 의미가 아니라 진정으로 배우고 싶어도 우리는 그 두 범주를 공부하는 것이 불가능함을 뜻한다.

예후다 아쉴락은 전기를 이용하여 본질을 인지할 수 없는 이유를 설명한다. 당연히 우리는 전기를 많은 종류의 방법(따뜻하게 하기, 시원하게 하기, 음악 듣기, 비디오 보기 등)으로 이용할 수 있다. 전기는 다양한 '형태' 들로 옷 입혀질 수 있다. 그러나 우리가 전기의 본질 자체를 나타낼 수 있는가?

그 네 범주, 즉 물질, 물질 내의 형태, 추상적 형태, 본질을 설명하기 위해 다른 예를 이용해 보자. 우리가 어떤 사람을 강하다고 말할 때 우리는 사실 그 사람의 물질인 몸과 그 사람의 물질을 싸고 있는 형태인 힘에 대해 말하는 것이다.

만약 우리가 힘의 형태를 물질(그 사람의 몸)에서 제거하여 연구한다면 그것은 힘의 추상적 형태를 연구하는 것이 된다. 네번째 범주인 사람 자체 내의 본질은 성취하는 것이 전혀 불가능하다. 본질을 연구하고, 그것을 지각 가능한 형태로 나타낼 수 있는 감각이 우리에게는 없기 때문이다. 따라서 그 본질은 우리가 지금 알지 못하는 어떤 것일 뿐만 아니라 나중에도 우리는 그것을 절대 알지 못할 것이다.

단지 처음 두번째 범주에 초점을 맞추는 것이 왜 그렇게 중요한가? 문제는 영적인 차원을 다룰 때 우리가 언제 혼란스러운지 모르기 때문이다. 그래서 우리는 같은 방향으로 계속 가다가 진실로부터 멀리 벗어나버린다.

물질 세상에서는 내가 원하는 것을 알면 그것을 얻고 있는지 그렇지 않은지, 혹은 최소한 내가 그것을 얻을 수 있는 방향으로 올바르게 가고 있는지 가늠할 수 있지만 영적 세계에서는 그렇지 않다. 거기서는 내가 틀릴 때 원했던 것을 거부당할 뿐만 아니라 나의 현재 영적 수준을 잃게 된다. 빛이 희미해지고, 안내자의 도움 없이는 스스로 방향을 바꾸는 것이 불가능해진다. 이것이 바로 세 가지 경계선을 이해하고 따르는 것이 매우 중요한 이유이다.

존재하지 않는 현실

이제 우리가 연구할 수 있는 것과 그럴 수 없는 것을 이해하고, 실제로 우리 감각을 통해 연구하고 있는 것을 살펴보자. 카발리스트들에 관한 특별한 것은 그들이 모든 만물을 다룬다는 점이다. 현실의 전부를 연구하여 우리에게 이야기할 수 있었던 예후다 아쉴락은 우리 외부에 존재하는 것이 무엇인지 우리는 모른다고 설명했다. 예를 들어 우리 귀 밖에 무엇이 있는지, 무엇이 우리의 고막을 반응하게 하는지 모른다. 우리가 아는 것이라고는 외부에서 오는 자극에 대한 우리 자신들의 반응뿐이다.

우리가 현상에 부여하는 이름들조차도 현상들 자체에 연관되어 있는 것이 아니라, 그들에 대한 우리의 반응과 연관되어 있다. 우리는 세상에서 일어나는 많은 일들을 알지 못하고 있을 가능성이 매우 높다. 오직 우리가 지각할 수 있는 현상들에만 관여하기 때문에 우리 감각들이 그것들을 놓치고 있는 것이다. 그런 이유로 우리 외부에 존재하는 어떤 것의 본질을 우리가 지각할 수 없는 이유는 아주 명백하다. 즉 우리는 오직 그것에 대한 우리 스스로의 반응만을 연구할 수 있는 것이다.

지각에 관한 이 법칙은 오직 영적 세계에만 적용되는 것이 아니다. 그것은 모든 자연의 법칙이다. 이런 식으로 현실에 관여함으로써 우리가 보는 것이 실제로 존재하는 것이 아님을 우리는 재빨리 깨달을 수 있다. 이 이해는 영적 발전을 성취하는 데 가장 중요하다.

현실을 관찰해 보면 우리는 전혀 알지 못했던 것들을 발견하기 시작한다. 우리 안에서 일어나는 일들을 마치 밖에서 일어나고 있는 것처럼 해석하기도 한다. 우리가 겪고 있는 사건들의 실질적 근원을 모르고 우리 외부에서 그 사건들이 일어나고 있다고 느끼는 것이다. 우리가 그것들을 확실히 아는 것은 불가능하다.

현실에 올바르게 관여하기 위해서는 우리가 지각하고 있는 것이 '참된' 그림이라고 생각해서는 안 된다. 우리가 인지하는 모든 것은 어떻게 사건들(형태들)이 우리의 인지(우리 물질)에 영향을 미치는지를 아는 것이다. 뿐만 아니라 우리가 인지하는 것은 객관적 그림인 외부가 아니라 그에 대한 우리 자신들의 반응이다. 우리가 느끼는 형태들이 우리가 가져다 붙이는 추상적인 형태에 연관되어 있는지, 그렇다면 어느 정도 관련이 있는지조차 우리는 말할 수 없다. 즉 우리가 붉은 사과를 본다고 해서 실제로 그 사과가 붉다는 것을 의미하는 것은 아니다.

실제로 물리학자들에게 물어보면, 당신이 붉은 사과에 대해 말할 수 있는 유일한 진실이란 '그 사과의 색이 붉지 않다'는 것이라고 그들은 대답할 것이다. 마사흐(스크린)가 작용하는 법을 기억하고 있다면 스크린은 창조주에게 주기 위해서 받을 수 있는 만큼만 받고 나머지는 거부한다는 것을 우리는 알고 있다.

이와 비슷하게 어떤 물체의 색은 그 조명된 물체가 흡수하지 못한 광파에 의해 결정된다. 우리는 사실 물체 자체의 색을 보고 있는 것이 아니라, 그 물체가 받아들이지 않은 색을 보고 있다. 물체의 실제 색은 그 물체가 흡수한 빛이지만, 그 물체가 이 빛을 흡수했으므로 그것은 우리 눈에 닿지 못하고, 우리는 그것을 볼 수 없다. 이것이 바로 붉은 사과의 실제 색은 붉은 색을 제외한 어떤 색이라도 될 수 있는 과학적 근거이다.

《조하르 책의 서문》에서 아쉴락은 본질의 인식에 대하여 우리의 부족한 점을 이렇게 설명한다. "우리가 느낄 수 없는 것은 또한 상상할 수도 없는 것이라는 사실은 잘 알려져 있다. 그리고 우리가 감지할 수 없는 것 역시 상상이 불가능하다. ……어떤 경우에도 생각은 본질에 대한 인식을 가지고 있지 않다는 결론이 나온다."

달리 말하면, 우리가 본질, 어떤 본질도 감지할 수 없기 때문에 또한 그것을 지각할 수 없다. 최초로 아쉴락의 서문을 공부할 때 대부분의 카발라 학습자들을 완전히 당황하게 만드는 것은 우리가 실제로 스스로에 관해 얼마나 알고 있느냐의 개념이다. 이와 관련하여 아쉴락은 이렇게 언급한다. "게다가 우리는 우리 스스로의 본질조차 모른다. 나는 세상에서 특정 공간을 소유하고, 나는 단단하며, 따뜻하고, 나는 사고한다. 그리고 그와 같은 내 본질의 움직임의 다른 표현들을 나는 느끼고, 또 알고 있다. 그러나 나 자신의 본질이 무엇이냐고 묻는다면…… 뭐라고 대답해야 할지 모르겠다."

측정 기구

우리 지각의 문제를 다른 각도에서, 더 기계론적인 측면에서 살펴보자. 우리의 감각들은 측정 도구들이다. 그것들은 지각하는 모든 것을 측정한다. 소리를 들을 때 우리는 그것이 요란한지, 조용한지 결정하고, 사물을 볼 때는 (보통) 어떤 색인지 알 수 있으며,

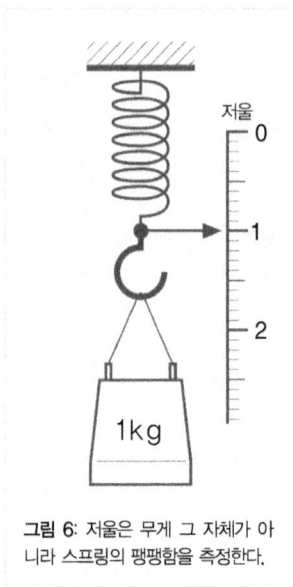

그림 6: 저울은 무게 그 자체가 아니라 스프링의 팽팽함을 측정한다.

무엇을 만질 때는 그것이 따뜻한지, 차가운지, 습한지, 건조한지 금방 알 수 있다.

모든 측정 도구들은 비슷하게 작용한다. 1킬로그램의 무게를 갖고 있는 저울을 생각해 보라. 전통적인 무게 측정 기구는 무게에 따라서 늘어지는 스프링과 그 스프링의 팽팽함을 측정하는 자로 만들어졌다. 스프링이 늘어지기를 멈추고 어떤 한 점에 머무르면 자에 있는 숫자가 그 무게를 나타낸다. 실제로 우리는 무게를 측정하는 것이 아니라 스프링과 무게 간의 균형을 측정하는 것이다.

이처럼 우리는 추상적 형태와 전혀 연결이 되어 있지 않다. 그래서 카발리스트 예후다 아쉴락은 우리가 추상적 형태를 지각할 수 없다고 말했던 것이다. 만약 우리가 외적인 충돌을 측정하기 위해 스프링을 장치할 수 있다면 우리는 어느 정도 성과를 거둘 것이다. 그러나 우리가 외부에서 발생하는 것을 측정할 수 없다면 그것은 아무 일도 일어나지 않은 것과 같다. 뿐만 아니라 외적인 자극을 측정하기 위해서 결함이 있는 스프링을 장치한다면 우리는 그릇된 결과를 얻을 것이다. 나이가 들어 우리 감각들이 나빠질 때 이런 일이 일어날 수 있다.

영적으로 표현하면, 외부 세상은 우리에게 무게와 같은 추상적인 형태들을 나타낸다. 스프링과 글자판, 즉 받으려는 의지와 베풀려는 의도를 이용하여 우리가 추상적인 형태 가운데 얼마만큼 얻을 수 있는지를 측정한다. 창조주를 '측정' 할 수 있는 계량기를 만들 수 있다면 우리가 이 세상을 느끼는 것과 마찬가지로 '그'를 느낄 수 있다. 사실 그런 계량기가 있다. 그것을 '여섯번째 감각'이라고 한다.

여섯번째 감각

작은 상상으로 시작을 해보자. 우리는 어두운 공간, 완전히 빈 공간에 있다. 아무것도 볼 수 없고, 들을 수 없으며, 냄새와 맛도 없고, 주위에 만질 수 있는 것이라고는 전혀 없다. 너무 오랫동안 이 상태로 있다 보니 당신이 그런 것들을 느낄 수 있는 감각을 가지고 있었다는 사실조차 잊었다고 상상해 보라. 결과적으로 당신은 그런 느낌들이 존재할 수 있다는 것조차 잊게 된다.

갑자기 희미한 향기가 나타난다. 향기가 짙어져 당신을 완전히 뒤덮지만, 그 출처를 꼬집어낼 수가 없다. 그런 후에 더 많은 향기가 나타나는데, 어떤 것은 강하고 약하며, 어떤 것은 달콤하고 시큼하다. 그 향기들을 이용하여 이제 세상에서 당신의 길을 찾을 수 있다. 다른 향기는 다른 곳에서 오고, 그것들을 따라감으로써 당신의 길을 찾기 시작할 수 있다.

그런 다음 아무런 사전 경고 없이 모든 방향에서 소리들이 들려온다. 그 소리들은 모두 달라서 어떤 소리는 음악 같고, 어떤 소리는 말과 같고, 어떤 소리는 단순한 잡음 같다. 그러나 소리들은 그 공간에 부가적인 위치 측정을 제공한다.

이제 당신은 거리와 방향을 잴 수 있다. 당신이 얻고 있는 냄새와 소리들의 출처를 당신은 추측할 수 있다. 이것은 더 이상 당신이 처해 있는 단순한 공간이 아니라 소리와 향(香)의 완전한 세계이다.

어느 정도 시간이 흐른 후 당신이 어떤 것과 접촉할 때 새로운 것이 밝혀진다. 곧 당신이 만질 수 있는 또 다른 것들이 있다는 것을 발견하는 것이다. 어떤 것은 차갑고, 어떤 것은 따뜻하며, 어떤 것은 건조하고, 어떤 것은 습하다. 어떤 것은 단단하고, 어떤 것은 부드러우며, 어떤 것은 어떻다고 정의할 수 없다. 당신이 만지고 있는 물체 가운데 어떤 것들은 입안에 넣을 수 있고, 그것들은 다른 맛들을 가지고 있다는 것을 당신은 발견한다.

지금쯤 되면 당신은 소리, 냄새, 느낌, 맛이 넘쳐나는 세계 안에 있다. 당신 세계 안의 물체들을 만질 수 있고, 당신의 환경을 연구할 수도 있다.

이것이 태어날 때부터 맹인인 사람의 세계이다. 당신이 그 사람의 입장에 있었다면, 당신은 시각이 필요하다고 느꼈겠는가? 당신에게 시각이 없다는 것을 알기나 했겠는가? 절대로 그렇지 않다. 이전에 시각을 갖지 않은 이상은 말이다.

여섯번째 감각도 이와 마찬가지다. 아담 하 리숀의 깨어짐 이전에 그 모든 부분들로서 여섯번째 감각을 가지고 있었으나, 우리에게는 그에 대한 기억이 없다.

여섯번째 감각은 선천적으로 주어지는 것이 아니라, 우리가 발달시켜야 한다는 유일한 차이점을 제외하면, 선천적인 오감과 흡사하게 작용한다. 실제로는 우리가 다른 감각을 발달시키는 것이 아니라, '의도'를 발달시키는 것이기 때문에 사실 '여섯번째 감각'이라는 이름은 다소 오해를 불러일으킨다.

이 의도를 발달시키는 과정에서 우리는 선천적인 이기적 짜임새에 정반대되는 창조주의 형태들인 베풂의 형태들을 연구한다. 여섯번째 감각이 자연에 의해 우리에게 주어지지 않은 이유가 바로 이것이다. 그것은 우리와 정반대인 것이다.

우리가 느끼는 감각의 욕구 위에 의도를 쌓는 것이 우리로 하여금 우리가 누구인지, 창조주가 누구인지 의식하게 하며, 우리가 그와 닮고 싶은지 그렇지 않은지를 의식하게 한다. 우리 앞에 오직 두 가지 선택의 여지가 있을 때만 우리는 진정한 선택을 할 수 있다. 그러므로 창조주는 우리에게 그와 비슷하게 이타적이 되기를 강요하지 않지만, 우리가 누구인지, 그가 누구인지 보여주고, 우리 스스로 자유 선택을 할 기회를 주는 것이다. 일단 우리가 선택을 하면 우리가 의도했던 사람들이 된다. 창조주 같은 사람들, 혹은 그렇지 않은 사람들이 되는 것이다.

그렇다면 왜 우리는 베풀려는 의도를 '여섯번째 감각'이라고 일컫는가? 그것은 창조주와 똑같은 의도를 가짐으로써 우리가 창조주처럼 되기 때문이다. 이는 우리가 같은 의도를 가질 뿐만 아니라, 우리가 '그'에 평등한 형태를 발달시켰기 때문에 그렇지 않았더라면 인지하지도 못할 뿐더러 인지할 수도 없었던 것들을 보고 인지하게 된다는 것을 뜻한다. 우리는 사실상 '그'의 눈을 통해서 보기 시작한다.

길이 있는 곳에 뜻이 있었다

첫 장에서 클리(도구, 그릇)와 오르(빛)의 개념이 카발라의 지혜에서 가장 중요한 것이라고 언급했다. 의심할 여지없이 실제로 클리와 오르 중에 빛을 얻는 것이 사실상의 목표임에도 불구하고 우리에게는 클리가 더 중요하다.

한 가지 예로 이것을 뚜렷이 해보자. 영화 〈도대체 우리가 아는 것이 무엇인가?What the Bleep Do We Know?〉에서 칸데이스 퍼트 박사는 어떤 형태가 이미 내 안에 존재하지 않으면, 나는 그것을 내 외부에서 볼 수 없다고 설명한다. 예를 들어, 그녀는 바닷가에 서서 콜럼버스의 함대가 도착하는 것을 본 인디언들에 대한 이야기를 인용한다. 그 인디언들은 함선을 바라보고 있었음에도 불구하고, 그들이 그 함선들을 볼 수 없었다는 것이 일반적 믿음이었다고 그녀는 말한다.

퍼트 박사는 인디언들이 그 함선들을 볼 수 없었던 이유는 그들의 마음속에 이미 이와 비슷한 배의 모델이 없었기 때문이라고 설명한다. 어디서 오는지 모를 이상한 물결에 대해 궁금해 하던 샤머니즘의 주술사만이 이 물결을 일으킬 수 있는 것을 상상하려 노력한 끝에 그 함선들을 발견했다. 그가 함선들을 발견하여 부족 사람들에게 말했고, 그가 본 것을 묘사하였으며, 그런 후에야 사람들 또한 그 함선들을 볼 수 있었다.

카발라식의 표현을 이용하면, 외부 대상을 감지하기 위해서는 내부 클리가 필요하다. 사실 켈림(클리의 복수)은 외부의 현실을 감지할 뿐만 아니라 외부 현실을 만들어낸다. 그러므로 콜럼버스의 함대는 오직 그것을 보았고, 그것을 보고(報告)했던 인디언들의 마음속에, 즉 내부 켈림(Kelim) 속에만 존재했다.

◦ ◦

만약 나무 한 그루가 숲속에서 쓰러진다면, 그리고 그 이야기를 들은 이가 주위에 아무도 없다면, 그 나무는 여전히 소리를 낼까?
이 유명한 선 공안(禪 公案, Zen koan, 일종의 화두)은 카발라 식으로 표현될 수 있다. 만약에 나무의 소리를 감지할 클리가 없다면, 어떻게 나무가 진정으로 소리를 냈는지 우리가 알 수 있는가?

이와 비슷하게, 우리는 콜럼버스의 발견을 화두(話頭)로 바꾸어 이렇게 물을 수 있다. "콜럼버스가 아메리카를 발견하기 이전에 아메리카는 존재했을까?"

외부의 세상이란 존재하지 않는다. 그들 자신들의 모양에 따라 욕구, 켈림이 외부 세상을 창조할 뿐이다. 우리의 외부에는 오직 추상적인 형태, 막연하고 인지 불가능한 창조주만이 존재한다. 우리는 스스로의 지각 도구들, 우리 스스로의 켈림을 구체화함으로써 우리의 세상을 형성한다.

이런 이유로 우리가 창조주에게 우리의 불행에서 벗어나도록 도와 달라고, 혹은 우리 주위의 세상을 더 나은 곳으로 바꾸어 달라고 기도를 올리는 것은 전혀 도움이 되지 않는다. 세상은 선하지도 악하지도 않다. 그것은 우리 자신들의 켈림 상태를 반영할 뿐이다. 우리의 켈림을 교정하여 그것들을 아름답게 할 때 세상 또한 아름다워질 것이다. 틱쿤(교정)은 내적인 것이고, 창조주도 그러하다. '그'는 우리의 교정된 자아들이다.

마찬가지로, 어두운 숲속의 밤은 올빼미에게 가장 잘 보이는 시간이지만 우리에게 그것은 오싹한 암흑의 시간이다. 우리의 현실은 우리 내면의 켈림의 투영에 불과하다. 그리고 우리가 '실제 세계'라고 부르는 것은 오직 우리 내면의 교정, 아니면 우리 내면의 부패를 반영한 것일 뿐이다. 우리는 가상의 세계에 살고 있다.

우리가 이 가상 너머의 진정한 세상으로, 참된 인식으로 올라가려 한다면 참된 모델에 스스로를 적응시켜야 한다. 마지막에 가서는 우리가 지각하는 모든 것이 우리의 내적 짜임새에 좌우될 것이며, 우리 내면에 이 모델들을 만드는 방법에 좌우될 것이다. 우리 외부에는 발견할 것이 아무것도 존재하지 않는다. 우리가 준비하는 만큼 우리에게 작용하고, 우리 안에서 새로운 이미지를 밝혀내는 추상적인 '상위의 빛'을 제외하면 밝혀낼 것이 전혀 없다.

이제 남은 것은 교정된 켈림을 찾을 수 있는 곳을 알아내는 일뿐이다. 그 켈림은 우리 안에 존재하는가, 아니면 우리가 그것들을 만들어야 하는가? 우리가 그것들을 만들어야 한다면 어떻게 그 일에 착수해야 하는가? 이것이 다음 부분에서 다룰 주제이다.

창조의 생각

켈림은 영혼의 건축 블록들과 같다. 욕구들은 벽돌, 토목과 같은 건축의 재료이고, 우리의 의도는 드라이버, 송곳, 망치와 같은 우리의 도구이다. 집을 지을 때와 마찬가지로 일을 시작하기 전에 계획서를 읽어야 한다. 불행히도 계획의 설계자인 창조주는 우리에게 그것을 주기를 망설인다. 대신 그는 우리가 우리 영혼의 마스터플랜을 독립적으로 배우고 실행하기를 원한다. 오직 이런 방법으로만 우리는 '그의 사고'를 진정으로 이해할 수 있고, '그' 처럼 될 수 있다.

'그'가 누구인지 배우려면 '그'가 하는 일을 주의 깊게 지켜보아야 하고, '그'의 행동을 통해 이해하는 법을 배워야 한다. 카발리스트들은 그것을 매우 간결하게 표현한다. "당신의 행동을 통해 우리는 당신을 압니다."

우리의 욕구들인 영혼의 원재료는 이미 존재한다. '그'가 우리에게 그것을 주었다. 우리는 그저 그것들을 올바르게 이용하는 법과 그것들 위에 옳은 의도를 놓는 법을 배워야만 한다. 그럴 때 우리의 영혼들이 교정될 것이다.

이미 언급한 대로, 옳은 의도란 이타적 의도이다. 즉 우리는 스스로가 아닌 남의 혜택을 위하여 우리의 욕구들이 이용되기를 원해야 한다. 그렇게 함으로써 우리는 실제로 스스로에게 혜택을 주게 될 것이다. 우리 모두는 아담 하 리숀의 영혼의 부분들이기 때문이다. 우리가 원하든 원하지 않든 부메랑이 그것을 던지는 사람에게 돌아가듯이 남을 해치는 것은 우리에게 되돌아오게 되어있다.

잠시 요약해 보자. 교정된 클리는 이타적인 의도로 이용되는 욕구이다. 반면 부패한 클리는 이기적인 의도로 이용되는 욕구이다. 클리를 이타적으로 이용함으로써 우리는 창조주가 작용하는 것과 똑같은 방식으로 욕구를 이용하고, 그렇게 하여 적어도 그 특정 욕구에 한해서는 '그'와 동등해진다. 이것이 우리가 '그의 생각'을 연구하는 방법이다.

유일한 문제는 우리의 욕구들을 이용하는 의도를 바꾸는 것이다. 그러기 위해서는 적어도 우리의 욕구를 이용하는 다른 방법 하나는 알아볼 필요가 있다. 다른 의도가 어떻게 보이는지, 혹은 느껴지는지에 대한 예가 있어야 한다. 그런 식으로 우리가 그것을 원하는지, 그렇지 않은지를 최소한 결정할 수 있을 것이다. 우리의 욕구들을 이용할 다른 방법을 보지 못할 때 우리는 이미 가지고 있는 방법들 속에 갇혀버리고 만다. 그런 상태에서 어떻게 다른 의도들을 발견할 수 있겠는가? 이것이 덫인가, 아니면 우리가 무언가를 빠뜨리고 있는가?

카발라는 우리가 아무것도 빠뜨리고 있지 않다고 설명한다. 이것은 덫이지만 막다른 골목은 아니다. 우리가 레쉬못의 길을 따른다면 다른 의도를 보여주는 예가 저절로 나타날 것이다. 그렇다면 레쉬못이 무엇인지, 그리고 어떻게 레쉬못이 우리를 덫에서 빠져나오도록 도와줄 것인지 살펴보도록 하자.

레쉬못 – 미래로 되돌아가다

대략 말하자면 레쉬못은 과거 상태들에 관한 기록들, 기억들이다. 한 영혼이 그의 영적 길을 따라 겪어온 각 레쉬모(레쉬못의 단수)는 특별한 '데이터 뱅크'에 수집되어 있다.

우리가 영적 사다리를 타고 올라가려할 때 이들 레쉬못은 우리의 흔적을 담고 있다. 레쉬못이 하나씩 재현하고, 우리는 레쉬못을 다시 체험한다. 각 레쉬모를 빠르게 재경험하면 할수록 우리는 그것을 더 빠르게 소모하고(항상 사다리의 더 높은 곳에 위치하는) 다음 레쉬모의 선으로 이동하게 된다.

우리는 레쉬못의 순서를 바꿀 수 없다. 그것은 우리가 내려오는 길에 이미 결정되어 있기 때문이다. 그러나 각 레쉬모를 가지고 무엇을 할 것인지는 우리가 결정할 수 있고, 또 결정해야만 한다. 만약 수동적으로 그저 그 레쉬못이 지나가기를 기다린다면 그 레쉬못을 완전히 경험하기 전까지 기나긴 시간이 걸릴 것이고, 그러기도 전에 레쉬못은 우리에게 큰 고통이 일어나게 할 수 있다. 이것이 바로 수동적인 접근이 '고통의 길'이라고 불리는 이유이다.

반면에 우리는 능동적인 접근을 택할 수 있고, 그리하여 각 레쉬모를 '학교에서의 또 다른 하루'로 여기고 창조주가 우리에게 가르쳐주려는 것을 이해하려고 노력할 수 있다. 이 세상이 영적 사건들의 결과라는 것을 그저 기억하기만 해도 레쉬못의 통행을 가속화하기에 충분할 것이다. 이 능동적 접근을 '빛의 길'이라고 부른다. 그 이유는 우리의 노력이 창조주, 빛에 우리를 연결시키기 때문이다. 이는 수동적 자세에서 우리의 노력이 우리의 현재 상태에 연결시키는 것과 대조적이다.

사실 우리의 노력은 성공할 필요가 없으며, 노력 자체만으로 충분하다. 창조주(이타적)처럼 되려는 우리의 욕구를 증가시킴으로써 우리는 더 높은 영적 상태에 속하게 된다.

영적 발전의 과정은 어린이들이 배우는 방법과 매우 비슷하다. 그것은 기본적으로 모방의 과정이다. 어린이들은 자신들이 무엇을 하는지 모르면서도 어른들을 모방하는데 그 끊임없는 모방이 그들 내면에 배우고자 하는 '욕구'를 창조한다.

그들의 성장을 촉진시키는 것이 그들이 아는 사실이 아니라는 점에 주목하자. 그들이 '알고 싶어 하는' 단순한 사실이 그들의 성장을 촉진시키는 것이다. 알고자 하는 욕구는 그들이 이미 알고 있는 레쉬모를 그들 내면에 불러오기 충분하다.

다른 각도에서 이를 살펴보자. 처음에 그들이 알고 싶어 했던 것은 그것이 그들 스스로의 선택이었던 것이 아니라, 현재 레쉬모가 소모되면서 그 다음 선상의 레쉬모가 알려지기를 '원하도록' 만들었기 때문이다. 그러므로 레쉬모는 어린이 안에 그것을 알리는 욕구를 불러일으켜야 했다.

이는 정확히 영적 레쉬못이 우리에게 작용하는 방법과 같다. 우리는 사실 이 세상에서 혹은 영적 세계 속에서 어떤 새로운 것을 배우는 것이 아니라 단순히 미래로 되돌아 올라가고 있는 것이다.

창조주처럼 더 주기를 원한다면 우리는 지속적으로 스스로를 검토해야 하고, 우리가 영적(이타적)이라고 여기는 것과 일치하는지 보아야 한다. 이처럼 더 이타적이 되려는 우리의 욕구는 우리들에 대한 더 정확하고 더 상세한 통찰력을 발달시키도록 도와줄 것이다.

　우리가 이기적이기를 원하지 않을 때, 우리 욕구들은 더 이타적이 되는 것이 뜻하는 바를 우리에게 보여줄 레쉬못을 불러일으킬 것이다. 우리가 이 욕구, 저 욕구를 이기적으로 이용하기를 원하지 않기로 결정할 때마다 그 상태의 레쉬모는 할 일을 완성했다고 간주되며, 다음 레쉬못에게 자리를 내주기 위해 이동한다. 이것이 우리가 해야 할 유일한 교정이다. 카발리스트 예후다 아쉴락은 이런 말들로 이 원칙을 표현한다. "……악(이기주의)을 진심으로 증오함으로써 그것이 교정된다."

　그런 후 그는 설명한다. "……만약 두 사람이 있어서 서로 친구가 혐오하는 것을 혐오하고, 친구가 사랑하는 것을 사랑한다는 깨달음에 이를 때 그들은 절대로 뽑히지 않을 말뚝처럼 영원의 유대 안으로 들어온다. 그리하여 창조주가 베푸는 것을 사랑하기 때문에 창조주 아래의 모든 것 또한 오직 베풀기만 원하는 것을 받아들여야 한다. 창조주는 완벽하게 완전하고, 아무것도 필요치 않기에 '그'는 또한 받는 자가 되는 것을 혐오한다. 그러므로 인간 또한 <u>스스로</u>를 위해 받는 것을 혐오해야만 한다. 지금까지 살펴본 바에 따르면 사람은 받으려는 의지를 지독히 미워해야 한다. 세상의 모든 파멸은 오직 받으려는 의지에서 오기 때문이다. 그 혐오를 통해 사람은 그것을 교정한다."

　그래서 단순히 그것을 원함으로써 아담 하 리숀의 영혼 속에서 우리가 연결되었던 시절부터 이미 우리 안에 존재하고 있는 더 이타적인 욕구들의 레쉬못을 우리는 일깨울 수 있다. 이들 레쉬못은 우리를 바로잡아 주고, 우리를 창조주와 비슷하게 만들어준다. 그러므로 욕구(클리)는 우리가 1장에서 말한 대로 변화의 엔진이자 교정을 위한 수단이다. 우리의 욕구들을 억누를 필요 없이, 우리 스스로와 다른 사람들을 위해 그 욕구들과 생산적으로 일하는 법을 배워야 할 따름이다.

요약

올바른 인식을 위해 우리는 세 가지 경계선에 따라 우리 스스로를 제한하여야 한다.

- 인식에는 네 가지 범주가 있다. 물질, 물질 내의 형태, 추상적 형태, 그리고 본질이다. 우리는 오직 물질과 물질 내의 형태 두 가지만을 인식한다.
- 나의 모든 인식은 내 영혼 속에서 발생한다. 내 영혼이 나의 세상이고, 나의 외부 세상은 너무도 추상적이어서 그것이 존재하는지 아닌지 확실히 말할 수조차 없다.
- 내가 인식하는 것은 나만의 것이다. 나는 그것을 다른 누구에게도 건네줄 수 없다. 다른 사람들에게 내 경험에 관해 말해

줄 수는 있지만, 그들이 그것을 경험할 때는 그들 자신들만의 방식으로 경험할 것이 확실하다.

어떤 것을 인식할 때 내면에 가지고 있는 측정 도구들의 품질에 따라서 나는 그것을 평가하고 그것이 무엇인지 판단한다. 만약 내 도구들에 결함이 있다면 내 평가에도 결함이 있을 것이다. 그러므로 세상에 대한 나의 그림은 왜곡되고 불완전할 것이다.

현재의 우리는 오감을 가지고 세상을 잰다. 그러나 세상을 올바르게 평가하기 위해서 우리에게는 여섯 감각이 필요하다. 이것이 바로 우리가 모두를 위해 세상을 생산적으로 즐겁게 관리하지 못하는 이유이다.

실제로 여섯번째 감각은 육체적인 감각이 아니라 의도이다. 그 감각은 우리가 어떻게 우리의 욕구들을 이용하는지에 관여한다. 만약 우리가 받으려는 의도 대신 주려는 의도를 가지고 욕구들을 이용하게 되면, 즉 이기적이 아니라 이타적으로 우리 욕구들을 이용하게 되면, 우리는 완전히 새로운 세상을 지각할 것이다. 이것이 바로 그 새로운 의도가 '여섯번째 감각' 이라 불리는 이유이다.

우리의 욕구들 위에 이타적인 의도를 놓는 것은 그 욕구들이 창조주의 욕구와 비슷하게 되도록 만들기 때문이다. 이 유사성을 창조주와의 '형태의 동등화' 라고 한다. 여섯번째 감각을 소유한 사람은 창조주와 같은 통찰력과 지식을 갖게 된다. 오직 그 감각(베풀려는 의도)이 있을 때, 이 세상에서 어떻게 살아갈 것인지를 진정으로 알 수 있다는 이유가 바로 여기에 있다.

새로운 욕구가 생긴다 해도 그것은 사실상 새롭지 않다. 그것은 우리 내면에 이미 존재해온 욕구로, 그 기억은 우리 영혼의 데이터뱅크에 기록되어 왔다. 이것이 레쉬못이다. 그 레쉬못의 사슬은 사다리의 꼭대기인 창조의 생각으로 곧바로 인도하며, 우리가 더 빨리 사다리를 오를수록 더 빠르고 즐겁게 우리의 운명에 도달할 것이다.

레쉬못은 하나씩 나타나며, 그들이 생겨난 곳인 영적 세계에서 상승하려는 우리 욕구를 통해 우리가 정하는 비율에 따라 출현한다. 우리가 레쉬모로부터 배우려 하고, 각 레쉬모를 이해하려 할 때, 그것은 더 빨리 소모되고 그것을 이해하는 상태(이는 이미 존재함)가 분명해진다. 우리가 한 레쉬모를 이해하면 그 다음 레쉬모가 나타난다. 이것은 모든 레쉬못이 깨우쳐지고 연구되어 우리가 교정의 끝에 이를 때까지 이어진다.

자유로 가는
좁은 길

동트기 전의 암흑

한계 인식하기

내 마지 오인

고성을 위한 올바른 환경 선택하기

아기심의 불가피한 죽음

자유로운 선택의 이해

요약

놀랍게 들릴지도 모르지만 당신은 이미 카발라에 관해 제법 많이 알고 있다. 책을 되넘겨보며 복습해 보자. 카발라가 5000년 전에 (오늘날의 이라크인) 메소포타미아에서 시작되었다는 것을 당신은 알고 있다. 사람들이 삶의 목적을 찾고 있을 즈음에 카발라가 발견되었는데, 그들은 우리 모두가 태어난 이유가 창조주처럼 되는 궁극적인 기쁨을 얻기 위해서라는 것을 발견했다. 이것을 발견했을 때 그들은 학습자 집단을 만들어 지식을 퍼뜨리기 시작했다.

　최초의 카발리스트들은 우리를 구성하는 것은 기쁨을 받으려는 의지가 전부라고 보았는데, 그들은 이를 무생물적·식물적·생물적·인간적·영적 수준이라는 다섯 가지 수준으로 구분했다. 받으려는 의지는 매우 중요하다. 그것은 이 세상에서 우리가 하는 모든 일의 밑에 있는 엔진이기 때문이다. 즉 우리는 항상 기쁨을 얻으려고 애쓰고, 가지면 가질수록 더 원한다. 결과적으로 우리는 늘 진화하고 변화한다.

그 다음에 우리는 창조가 네 단계의 과정 속에서 형성되었음을 배웠고, 그 과정에서 뿌리(빛과 창조주의 동의어)는 받으려는 의지를 창조했다. 받으려는 의지는 주기를 원했고, 그런 다음에 주는 방식으로 받기로 결정했으며, 결국에 가서는 다시 한 번 받기를 원했다. 그러나 이번에는 창조주, 베푸는 자가 되는 법에 대한 지식을 받기를 원했다.

그 네 단계 후에 받으려는 의지는 다섯 세계들과 아담 하 리숀이라고 불리는 하나의 영혼으로 나뉘어졌다. 아담 하 리숀은 부서져서 우리 세상에 물질화되었다. 다른 세계들 안에서 우리 모두는 실제로 하나의 영혼이며, 한 몸 속의 세포들과 똑같이 상호 의존하고 상호 연결되어 있다. 그러나 받으려는 의지가 커져가자 우리는 더 자기중심적이 되었고, 우리가 하나였음을 느끼지 못하게 되었다. 오늘날 우리는 스스로만을 느낄 뿐, 비록 우리가 다른 사람들에게 관여한다고 해도 그것은 그들을 통해서 기쁨을 얻기 위한 목적으로 행하는 것에 불과하다.

이 이기적인 상태는 '아담 하 리숀의 부서진 영혼' 이라고 하고, 그 영혼의 부분들로서 우리가 할 일은 그 부서진 영혼을 고치는 일이다. 사실상 우리가 그것을 고칠 필요는 없지만, 우리 현재 상태에서 우리가 진정한 기쁨을 느낄 수 없는 것은 "내가 원하는 것을 가지면 나는 더 이상 그것을 원하지 않는다."라는 받으려는 의지의 법칙 때문이라는 것을 알아야만 한다. 이것을 깨달을 때 우리는 이 법칙의 덫, 이기주의의 덫에서 빠져나올 길을 찾아 나서게 될 것이다.

이기심으로부터의 자유를 찾다보면 '가슴 속의 한 점', 즉 영적 욕구의 발생에 이르게 된다. '가슴 속의 한 점'은 다른 욕구와 똑같다. 그 욕구는 환경의 영향에 따라서 증가하기도 하고 감소하기도 한다. 그러므로 우리가 영적 욕구를 증가시키기를 원한다면, 우리는 영적인 것을 장려하는 환경을 조성할 필요가 있다. 우리 책의 마지막(그러나 가장 중요한) 장에서는 영적인 것을 지지하는 환경을 가꾸기 위해 개인적·사회적·국제적 수준에서 실행되어야 할 것이 무엇인지 이야기할 것이다.

동트기 전의 암흑

밤에서 가장 어두운 시간은 동트기 바로 직전이다. 이와 비슷하게 《조하르의 책》은 거의 2000년 전에, 인류의 가장 어두운 시간은 인류의 영적 각성 바로 직전에 올 것이라고 했다. 16세기를 살았던 《생명의 나무 Tree of Life》의 저자 아리(Ari)에서 시작하여 수 세기 동안 카발리스트들은 《조하르》가 언급했던 시간이 20세기 말이라고 저술해 오고 있다. 카발리스트들은 이를 '최후의 세대'라고 부른다.

그들의 언급이 어떤 예언적이고 극적인 사건들 속에 우리 모두가 사라질 것이라는 의미는 아니다. 카발라에서 한 세대는 한 영적 상태들을 나타낸다. 최후의 세대는 도달 가능한 마지막 상태이자 가장 높은 상태이다. 그리고 우리가 살고 있는 시기인 21세기 초반에는 영적으로 향상하는 세대를 경험할 것이라고 카발리스트들은 말했다.

그러나 이들 카발리스트들은 이런 변화가 일어나기 위해서는 우리가 이때까지 진화해 왔던 식으로는 발전을 계속할 수 없으며, 우리가 진보하기를 원한다면 보다 의식적이고 자유로운 선택이 필요하다고 말한다.

다른 어떤 시작, 혹은 탄생과 마찬가지로 최후의 세대, 자유 선택의 세대 출현은 결코 쉬운 과정이 아니다. 최근까지만 해도 영적인 수준은 빼놓고, 무생물에서 인간적인 수준에 걸쳐 우리 하위의 욕구들 속에서 우리는 진화했다. 그러나 지금은 영적인 레쉬못(원한다면 영적인 유전자들이라고 불러도 좋음)이 수백만 명의 사람들 속에서 떠오르고 있고, 실제 삶 속에서 현실화되기를 요구하고 있다.

이 레쉬못이 우리 안에 나타나면 우리에게는 그것들을 다룰 알맞은 방법이 여전히 부족하다. 그들은 전혀 새로운 기술과 같아서 우리는 여전히 그것을 취급하는 방법을 배워야 한다. 그래서 우리가 배우는 동안 오래된 사고방식들을 가지고 새로운 레쉬못을 현실화시키려 시도하고 있는데, 이는 그런 방법들이 우리 하위 수준의 레쉬못을 현실화하는 데 기여했기 때문이다. 그러나 그런 방법들은 새로운 레쉬못을 다루기에는 부적합하므로 제 할 일을 못한 채, 우리를 공허하고 절망스럽게 남겨두는 것이다.

레쉬못이 개인 안에서 떠오르면, 그 사람이 이 새 욕구들에 적응할 방법을 배울 때까지는 절망이 커지고, 그런 다음 우울증이 따른다. 보통 카발라의 지혜를 적용함으로써 사람은 새 욕구에 대응하는 법을 배우게 되는데, 1장에서 설명한 대로 카발라의 지혜는 처음부터 영적 레쉬못을 다루는 데 그 뜻을 두었기 때문이다.

그러나 만약 해결책을 찾을 수 없으면 그 사람은 치료할 수 없는 고통에 맞서기를 피하려 하면서 일중독이나 다른 모든 종류의 중독, 새 욕구의 문제를 억누르려는 다른 시도들에 뛰어들고 만다.

개인적인 수준에서는 그러한 상태가 매우 괴롭지만 사회적 구조를 흔들 정도로 심각한 문제를 야기하지는 않는다. 그렇지만 수백만 명의 사람들에게 거의 같은 시기에, 특히 여러 국가들에 동시에 영적인 레쉬못이 나타난다면 세계적 위기에 빠질 수 있다. 그리고 세계적 위기는 세계적 해결책을 필요로 한다.

오늘날 인류가 세계적 위기에 처해 있음은 명백하다. 우울증이 미국에서 전례 없는 비율로 급증했고, 다른 선진국들의 경우도 미국과 다르지 않다. 2001년 세계보건기구(WHO)는 "우울증은 미국과 전 세계에서 사람들을 무력하게 만드는 주된 원인이다."라고 보도했다.

현대사회의 또 다른 주요 문제는 심상치 않게 넘쳐나는 약물 남용이다. 약물은 항상 사용되어 왔으나 과거에는 약물이 의학과 의식적인 행사에 우선으로 사용되었던 반면, 오늘날 약물은 훨씬 어린 나이에, 너무나도 많은 젊은이들이 감정적 공허를 완화하는 데 사용하고 있다. 더욱이 우울증이 급속히 늘어나고 있기 때문에 약물 사용과 약물 관련 범죄들 또한 급증하고 있다.

또 다른 위기의 국면은 가족 단위에서 맞고 있다. 가족 공동체는 안정과 온화, 그리고 보호의 상징이었지만 이제는 더 이상 그렇지 않다. 국립보건통계센터(NCHS)에 따르면 결혼하는 두 쌍 중에 한 쌍이 이혼을 하고 있는데, 그 양상은 전 서양 세계에 걸쳐서 비슷하다.

부부들이 이혼을 결정하는 데 더 이상 심각한 위기나 자아 충돌을 경험하지 않는 상황이다 보니 그 문제가 더 심각하다. 심지어 오늘날은 50대, 60대 부부들조차 자식들이 출가하고 나면 같이 살 이유를 찾지 못한다. 수입이 안정적이다 보니 몇 해 전만 해도 이혼을 용납하기 어려운 것으로 여기던 나이에 인생의 새 장을 열기를 두려워하지 않는다. 우리는 그러한 현장에 '빈둥지증후군(empty nest syndrome)'이라는 썩 잘 어울리는 이름까지 붙였다. 솔직하게 말하면, 부부간의 사랑이란 것이 존재하지 않으므로 자녀들이 집을 떠나고 나면 더 이상 부부로서 함께 있을 이유가 없기 때문에 이혼을 하는 것이다.

이것이 진정한 공허인 사랑의 부재이다. 우리 모두가 주려는 힘에 의해 창조된 이기주의자들임을 기억한다면 우리에게 성공의 가능성이 있을지 모른다. 적어도 그때는 해결책을 찾기 시작할 곳이 어디인지 알게 될 것이다.

그러나 위기는 그 일반성에서뿐만 아니라 그 다양성에서도 특유하며, 이로 인하여 문제가 훨씬 더 포괄적이고 다루기 어렵다. 개인, 사회, 국가, 과학, 의약, 기후에서 등과 같이 위기는 인간이 관여하는 모든 분야에서 일어나고 있다. 예를 들어 몇 년 전까지만 해도 다른 주제에 대해 기고할 것이 없을 때 '날씨'는 편리한 안식처였다. 그러나 오늘날 우리 모두는 기후에 관한 소식에 밝아야 한다. 요즘의 주요 관심사는 기후 변화, 지구온난화, 해수면 상승, 그리고 새로운 형태의 엘리뇨와 허리케인 시즌의 출현이다.

《더 인디펜던트 The Independent》의 제프리 린(Geoffrey Lean)은 2005년 11월 20일자 온라인 기사에서 지구의 상태를 '거대한 해빙기'라고 표현했다. 그가 쓴 기사의 제목은 〈거대한 해빙기: 만약 그린란드의 만년설이 녹으면 세계적 재앙이 따를 것이다〉였다. 그리고 부제는 다음과 같았다. "지금 과학자들은 그들이 예상했던 것보다 훨씬 더 빠르게 빙산이 사라지고 있다고 진술한다."

날씨만이 코앞에 닥친 유일한 재앙이 아니다. 2006년 6월 22일 《네이처》는 산안드레아스 단층(북미 서해안의 대단층)에 이제 큰 것이 올 때가 다 되었다고 밝힌 캘리포니아대학의 연구논문을 발표했다. 캘리포니아대학 스크립스 해양연구소의 유리 피알코(Yuri

Fialko)에 따르면, "그 단층은 지진 발생의 위험 원인이고, 또 다른 대지진을 예고하고 있다."는 것이다.

그리고 물론 우리가 폭풍, 지진, 해수면 상승에서 살아남는다 해도 빈 라덴은 항상 주위를 맴돌며 우리의 삶이 계획했던 것보다 훨씬 더 짧아질 수 있음을 상기시켜준다.

마지막으로, 건강에 대한 이슈가 큰 문제로 대두하여 우리 주의를 요하고 있다. 여기에는 에이즈, 조류 인플루엔자, 광우병, 그리고 물론 고질병인 암과 심장혈관 계통의 질병, 당뇨병 등을 들 수 있다. 여기 열거할 수 있는 것이 훨씬 더 많으나, 아마도 지금쯤이면 당신은 요점을 이해했을 터이다. 비록 이 가운데 몇 가지 건강상의 문제들은 새로운 것이 아니지만 전 세계적으로 빠르게 번져가고 있기 때문에 여기에 언급했다.

결론을 내리면 중국 속담에 이르기를 어떤 사람을 저주하고 싶다면 이렇게 말하라고 한다. "부디 흥미로운 시대를 살게 되길 바라오." 우리 시대는 진정으로 매우 흥미롭다. 그러나 이것은 저주가 아니다. 《조하르의 책》이 약속했듯이 동트기 전의 암흑이다. 그러면 이에 대한 해결책이 있는지 알아보자.

네 단계를 거쳐서 오는 훌륭한 신세계

세상을 변화시키기 위해서는 오직 네 단계를 실행에 옮기면 된다.

1. 위기를 인정한다.
2. 위기 발생의 이유를 밝혀낸다.
3. 최상의 해결책을 정한다.
4. 위기 해결에 대한 계획을 세운다.

이 네 단계를 차례로 검토해 보자.

1. 위기 인정하기

우리 가운데 대다수가 여전히 현재의 상황을 위기라고 인정하지 않는 데는 몇 가지 이유가 있다. 마땅히 정부와 국제적 기업들이 그 문제를 해결하는 선두주자가 되어야 함에도 이해 갈등 때문에 위기에 효과적으로 대처하기 위한 협력을 하지 않고 있는 까닭이다. 이에 덧붙이자면, 우리 대부분은 여전히 문제가 우리를 개인적으로 위협한다고 느끼지 않기 때문에 상황이 더 심각해지기 전에 그 문제를 해결할 필요를 느끼지 못한다.

가장 큰 문제점은 우리에게 그런 불확실한 상태에 대한 과거의 기억이 없다는 것이다. 그 때문에 우리는 이 상황을 올바르게 평가할 수 없다. 예전에 재난이 일어난 적이 없었다는 것이 아니라 오늘날은 문제가 모든 영역, 즉 인간 삶의 모든 각도에서 전 세계적으로 발생하고 있다는 점에서 분명히 독특하다.

2. 위기 발생의 이유 밝혀내기

두 요소들 사이에 충돌이 있을 때 위기는 발생하고, 우세한 요소가 열세한 요소를 강제로 지배한다. 인간 본성, 혹은 이기심은 자연, 혹은 이타심으로부터 얼마나 정반대 방향에 있는지 발견하고 있다. 이것이 바로 수많은 사람들이 괴로워하고 우울하며, 불안하고 절망적으로 느끼는 이유이다.

간단히 말하자면, 위기는 사실상 밖에서 일어나고 있는 것이 아니다. 비록 위기가 틀림없이 물리적 공간을 차지하는 것처럼 보이긴 해도 그것은 우리 내면에서 일어나고 있다. 그 위기는 선(이타주의)과 악(이기주의)의 거대한 투쟁이다. 진정한 리얼리티 쇼에서 우리가 나쁜 역할을 맡아야 한다는 것은 얼마나 슬픈 일인가? 그러나 희망을 잃지 말라—모든 쇼에서처럼 해피엔딩이 기다리고 있다.

3. 최상의 해결책 정하기

위기의 근본적인 원인, 즉 우리가 자신의 이기심을 인정하면 할수록, 우리는 우리 자신의 내면과 우리 사회에서 무엇이 변화되어야 하는지 더 잘 알게 될 것이다. 그렇게 함으로써 우리는 위기를 감소시킬 수 있고, 사회와 자연환경에 긍정적이고 건실직인 결과를 가져올 수 있을 것이다. 자유 선택에 대한 개념을 검토하면서 그런 변화에 대해 더 다루게 될 것이다.

4. 위기 해결에 대한 계획 세우기

일단 처음 세 단계를 완성시키면 훨씬 더 상세한 계획을 짤 수 있다. 그러나 아무리 최고의 계획이라 하더라도 국제적으로 인정받은 주요한 조직들의 활발한 지지 없이는 성공이 불가능하다. 그러므로 그 계획은 미디어와 사회단체들은 물론이고 과학자들, 사상가들, 정치가들, 그리고 유엔 등의 폭넓은 국제적 지지가 필요하다.

실제로 우리는 한 단계의 욕구에서 다음 단계로 자라가기 때문에 지금 발생하고 있는 모든 일은 욕구의 영적 수준에서는 처음으로 발생하고 있다. 그러나 만약 우리가 이 단계에 있다는 것을 기억만 한다면 현재의 과학적 지식을 이용하는 것과 똑같은 방식으로 영적인 것에 이미 관여해온 사람들의 지식을 이용할 수 있다.

카발리스트들은 이미 우리 세상의 뿌리인 영적 세계에 이른 사람들로서, 레쉬못(영적 뿌리)이 이 상태를 일어나게 하는 것을 알고 있으며, 그 문제의 근원인 영적 세계로부터 우리가 맞고 있는 문제들에서 벗어나도록 우리를 인도해줄 수 있다. 이런 방식이라면 위기가 발생하는 이유와 실행되어야 할 것들을 알게 될 것이므로 우리는 쉽고 빠르게 위기를 해결할 것이다. 이렇게 생각해 보라. 만약 내일 복권 당첨의 결과를 예견할 수 있는 사람들이 있다면, 숫자를 고를 때 그들이 당신 곁에 있어주기를 바라지 않겠는가?

여기에 마법은 없다. 오직 영적 세계에서의 게임의 법칙에 대한 지식만이 존재할 뿐이다. 카발리스트들의 눈에 우리는 위기에 처해 있지 않다. 다만 조금 갈팡질팡하며, 그래서 계속 틀린 숫자에 내기를 걸고 있을 뿐이다. 우리가 방향을 찾게 될 때 (현존하지 않는) 위기를 해결하기란 누워서 떡먹기가 될 것이다. 복권에 당첨되는 것도 그러할 것이다. 또한 카발라의 지식에 관한 아름다움은 그 지식에 저작권이 없다는 점이다. 그것은 모든 사람들의 것이다.

한계 인식하기

오래된 기도
신이여, 내가 바꿀 수 있는 것을 바꿀 힘을 주시고, 내가 바꿀 수 없는 것을 인정할 용기를 주시며, 그 두 가지를 분별할 지혜를 주소서.

우리 자신들의 눈에 우리는 독특하고 독립적으로 행동하는 사람들이다. 이것은 모든 사람들의 공통된 특징이다. 오늘날 우리가 가진 제한된 개인적 자유를 얻기 위하여 인류가 거쳐온 세기의 투쟁들을 한번 생각해 보라.

우리가 자유를 박탈당할 때 고통 받는 것은 우리들뿐만이 아니다. 아무 저항 없이 붙잡힐 만한 피조물이란 하나도 존재하지 않는다. 어떤 형태의 정복에 반대하는 것은 고유하고 선천적인 특성이다. 그럼에도 불구하고, 모든 만물이 자유로워질 권리가 있다는 것을 이해한다고 해도, 자유로워짐이 진정으로 의미하는 것이 무엇인지, 아니면 만약에, 또는 어떻게, 그것이 인류의 이기심을 교정하는 과정과 관련이 있는지 우리가 이해한다고 장담할 수 없다.

자유의 의미에 대해 우리 자신들에게 솔직하게 물어보면, 그 물음이 끝날 때까지 자유에 대한 우리의 생각을 지속하는 경우가 거의 없음을 쉽게 발견하게 된다. 그러므로 자유에 대해 토론하기 이전에 자유로워진다는 것이 진정으로 뜻하는 바를 알아야 한다.

우리가 자유를 이해하는지 알기 위해서는 우리가 할 수 있는 행위가 자유롭고 자발적인 면이 하나라도 있는지 우리의 내면을 관찰해 보아야 한다. 우리의 받으려는 의지가 지속적으로 커져가기 때문에 우리는 항상 더 나은, 더 가치 있는 삶의 방식을 찾으려 하기 마련이다. 그러나 우리는 치열한 경쟁 속에 갇혀 있기에 이에 대한 선택권이 없다.

반면에 우리의 받으려는 의지가 이 모든 문제의 원인이라면 그것을 관리할 방법이 있을지도 모른다. 그렇게만 할 수 있다면, 아마도 우리는 경쟁 전체를 관리할 수 있을 것이다. 그렇지 않다면, 이 컨트롤 없이는 게임이 벌어지기도 전에 진 것과 다름없다.

그러나 우리가 진 사람들이라면, 이긴 사람은 누구인가? 우린 누구(혹은 무엇)와 경쟁하고 있는가? 우리는 마치 일들이 우리 결정에 달린 것처럼 비즈니스에 착수한다. 그렇지만 정말로 그런가? 우리 삶을 바꾸려 노력하는 것을 포기하고 그저 흐름에 따라가는 것이 낫지 않겠는가?

한편으로 자연은 어떤 정복에도 불복한다고 언급했다. 그러나 또 다른 한편, 만약 우리 행동 가운데 자유로운 것이 있다면 어떤 것인지, 그리고 눈에 보이지 않는 완벽한 주인에 의해서 우리가 자유롭다고 생각하게 된 곳은 어디인지 자연은 설명해주지 않는다.

더욱이, 만약 자연이 마스터플랜에 따라 움직인다면 이런 의문과 불확실함이 그 계획의 부분일 수도 있는가? 우리를 당황스럽고 혼란스럽게 만드는 어떤 다른 이유가 있을지도 모른다. 아마도 혼란과 환멸은 그 완벽한 주인이 우리에게 이렇게 말하는 방식일 수도 있다. "이봐요, 당신들 모두가 어디로 가고 있는지 다시 한 번 살펴봐요. 만약 나를 찾고 있다면 당신들은 틀린 방향을 쳐다보고 있는 거니까."

우리가 진정으로 갈팡질팡한다는 것을 부정할 사람은 드물 것이다. 그러나 우리의 방향을 결정하려면 어디서 시작할 것인지 알아야 한다. 이것이 수년의 쓸데없는 수고를 덜어줄 수 있다. 가장 먼저 우리가 찾고자 하는 것은 어디에서 자유롭고 독립적인 선택을 가지고 있으며, 어디에서 그렇지 않은지를 찾는 것이다. 일단 이것을 깨닫고 나면 우리의 노력을 어디에 집중시켜야 할지 알게 될 것이다.

삶의 고삐

전체 자연은 오직 한 가지 법칙, '기쁨과 고통의 법칙'에 순종한다. 만약 창조에 있어서 유일한 요소가 기쁨을 받으려는 의지라면 오직 한 가지 행동 규칙이 필요하다. 기쁨을 끌어당기고 고통을 밀어내는 것이다.

우리 인간들도 그 규칙에서 예외가 아니다. 우리는 움직임을 전적으로 감독하는 사전에 설치된 계획서에 따른다. 우리는 최소한의 노력으로 최대한 받고 싶어 한다. 그리고 가능하기만 하다면 그 모든 것을 무료로 원한다! 그러므로 우리가 무엇을 하건, 그것을 알아채지 못하는 때조차도 우리는 항상 기쁨을 택하고 고통을 피한다.

마치 우리가 스스로를 희생하고 있는 것처럼 보일 때라도, 우리는 실제로 그 순간에 생각할 수 있는 다른 어떤 선택보다도 '희생'으로부터 더 많은 기쁨을 받고 있는 것이다. 그리고 우리가 남을 위하는 동기를 가지고 있다는 생각으로 스스로를 속이는 이유는 자신을 속이는 것이 스스로에게 진실을 말하는 것보다 더 즐겁기 때문이다. 아그네스 레플리어(Agnes Repplier)가 한때 이렇게 표현한 적이 있다. "벌거벗은 진실만큼 불쾌한 누드는 찾아보기 어렵다."

3장에서 배운 대로 단계 2는 비록 실제로는 단계 1과 똑같이 받으려는 의지가 그를 자극하지만 단계 2는 주게 된다. 이것은 우리가 서로에게 베푸는 모든 이타적인 행동의 뿌리이다.

우리는 '수익성에 대한 계산'을 한 후에야 모든 일을 한다는 것을 알고 있다. 예를 들어, 나는 어떤 상품의 가격을 그것을 소유했을 때 얻을 혜택과 비교한다. 만약 그 상품을 가진 기쁨(혹은 고통의 결핍)이 내가 지불해야 할 가격보다 더 크다고 생각되면 나는 마음속의 금융 위원회에 긍정적인 신호를 보내며 내면의 중개인에게 이렇게 말할 것이다. "구입해! 구입해! 구입해!"

우리는 우선권을 바꿀 수 있고, 선과 악에 대한 다른 가치관을 받아들일 수 있으며, 대담해지도록 우리들 스스로를 단련시키는 것도 가능하다. 게다가 어떤 목표를 우리 눈에 아주 중요하게 만들어 그 목표를 성취하는 길에 놓인 어떤 어려움도 의미 없고 감지할 수 없게끔 만들 수 있다.

예를 들어, 만약 내가 유명한 내과의사가 되는 것에 따라오는 사회적 지위와 높은 임금을 원한다면, 결국은 그 명성과 부에서 보상받으리라는 희망을 품고 의과대학에서 수년간 무리를 하고, 땀을 흘리고, 열심히 공부하는 것은 물론이고, 인턴 생활을 하는 동안의 수면 결핍을 몇 년간 더 이겨낼 것이다.

때로는 미래의 이익을 위한 현재의 고통에 대한 계산이 너무나 자연적인 나머지 우리가 그렇게 하고 있다는 것을 눈치채지도 못한다. 이를테면, 만약 내가 심각한 병이 들어서 오직 특정한 수술

로만 생명을 구할 수 있다는 것을 알게 된다면, 나는 기꺼이 그 수술을 받을 것이다. 비록 수술이 불쾌하고 그 자체의 위험도 있을 수 있으나, 내 병만큼 위협적이지는 않기 때문이다. 어떤 경우에는 그 시련을 겪기 위해 상당한 액수를 지불하기도 한다.

나의 변화를 위한 사회의 변화

자연은 우리에게 고통으로부터의 끊임없는 도주와 기쁨을 향한 지속적인 추적을 '선고'했다. 뿐만 아니라 자연은 우리가 원하는 기쁨의 종류를 결정할 수 있는 능력을 주지 않았다. 즉 우리는 원하는 것을 통제할 수 없고, 욕구들은 아무런 사전 경고 없이 그리고 이에 대한 우리의 의견을 묻지도 않고 우리 내면에서 튀어 나온다.

그럼에도 불구하고, 자연은 우리의 욕구들을 창조했음은 물론이고 그것들을 관리할 방법을 우리에게 부여했다. 만약 우리가 똑같은 영혼, 아담 하 리숀의 모든 조각들임을 기억한다면, 우리 자신의 욕구들을 관리할 방법은 전체 영혼, 즉 인류, 혹은 적어도 그의 한 부분에 영향을 미치는 것임을 쉽게 알게 될 것이다.

이런 식으로 살펴보자. 만약에 어떤 한 세포가 왼쪽으로 가고 싶어 하고, 나머지 몸 전체는 오른쪽으로 가고 싶어 한다면, 그 세포 또한 오른쪽으로 가야만 할 것이다. 다시 말하면, 왼쪽으로 가는 편이 낫다고 몸 전체, 아니면 대다수의 세포들, 또는 몸의 '통치 조직'을 납득시키지 않는 이상 그 세포는 오른쪽으로 가야만 한다.

그러므로 비록 우리는 스스로 욕구를 통제할 수 없지만 사회는 그럴 수 있고 그렇게 하고 있다. 그리고 사회 선택권은 우리가 감독을 할 수 있기 때문에 최고라고 생각하는 방식으로 우리에게 영향을 미칠 사회의 종류를 선택할 수 있다. 간단히 얘기해 우리의 욕구를 감독하기 위해 우리는 사회적 영향력을 이용할 수 있다. 그리고 우리의 욕구를 관리함으로써, 우리의 생각과 궁극적으로는 우리의 행동까지 관리하게 될 것이다.

《조하르의 책》은 거의 2000년 전에 사회의 중요성을 설명했다. 그러나 생존을 위해서 우리가 상호 의존하고 있다는 사실이 명백해진 20세기 이후 우리의 사회적 상호 의존성을 효과적으로 이용하는 것은 영적 발전을 위하여 꼭 필요해졌다. 사회에 대한 최대의 중요성은 카발리스트 예후다 아쉴락이 수많은 그의 수필들에서 매우 분명히 하였던 메시지이고, 우리가 그의 생각의 선을 따른다면 그 이유를 이해하게 될 것이다.

아쉴락에 따르면 모든 사람의 가장 큰 바람은, 사람들이 그것을 인정하든 하지 않는 다른 사람늘의 마음에 늘고 그들의 동의를 얻는 것이다. 그것은 우리에게 자신감을 부여할 뿐만 아니라 가장 고귀한 소유물인 우리의 이기심을 확인시켜 준다. 사회의 동의가 없으면 우리는 존재 자체가 무시당한 것처럼 느끼고, 이기심을 부인

하지 못한다. 이것이 바로 사람들이 종종 다른 사람들의 주의를 끌기 위해 극단적이 되는 이유이다.

우리의 가장 큰 바람이 사회의 동의를 얻는 것이기 때문에, 우리는 우리 환경의 규율에 적응하고 받아들일 수밖에 없다. 이 규율들은 우리의 행위를 판단할 뿐만 아니라, 우리의 태도를 계획하고 우리가 행하고 생각하는 모든 것에 접근한다.

이 상황은 우리로 하여금 아무것도 선택할 수 없도록 만든다. 우리의 삶의 방식, 우리의 관심사, 여가 시간을 이용하는 방법, 그리고 우리가 먹는 음식과 입는 옷조차도 마찬가지다. 더욱이 우리가 유행에 반대되거나 유행에 개의치 않고 차려 입기로 선택할 때조차도 우리가 무시하기로 선택한 어떤 특정한 사회적 관례에 여전히 우리는 무관심하다. 즉 만약에 우리가 무시하기로 선택한 유행이 존재하지 않았더라면, 우리는 그것을 무시하려 할 필요가 없었을 것이고, 아마도 다른 옷차림의 관례를 골랐을 것이다. 궁극적으로 우리를 변화시키는 유일한 방법은 우리 환경의 사회적 표준을 변화시키는 것이다.

네 가지 요인

만약 우리가 환경의 산물에 불과하고, 우리가 하는 일, 우리가 생각하는 것, 그리고 우리가 원하는 것에서 진정한 자유가 없다면, 우리 행동에 대한 책임을 가질 수 있는가? 그리고 만약 우리에게 그 책임이 없다면 누구에게 있는가?

이 물음들에 대답하기 위해서 우리는 먼저 우리를 구성하는 네 가지 요인을 이해해야 하고, 자유 선택을 획득하기 위해 우리가 어떻게 그 요인들과 작업할 수 있는지를 알아야 한다. 카발라에 따르면, 우리 모두는 네 가지 요인에 의해 지배당한다.

1. 토대, 또한 첫번째 요소라고 불린다.
2. 토대의 불변의 속성들
3. 외부 힘을 통해 변하는 속성들
4. 외부 환경에서의 변화

각 요인들이 우리에게 의미하는 바를 알아보자.

1. 토대, 첫번째 요소

우리의 불변의 본질을 토대라고 한다. 나는 행복하거나 슬플 수도 있고, 사려 깊거나 화를 낼 수 있으며, 혼자이거나 다른 사람들과 함께일 수도 있다. 어떤 기분이 들든지 그리고 어느 사회 속에 있든지, 근본적인 나는 절대로 변하지 않는다.

이 네 단계 개념을 이해하기 위해서 식물의 발아와 죽음에 관해 생각해 보자. 밀 한 대를 생각해 보라. 밀의 씨앗이 썩으면 그것은 전적으로 형태를 잃게 된다. 그러나 형태를 완전히 잃었다고 하더라도 그 씨앗에서는 다른 어떤 것이 아닌 새로운 밀이 한 대 나타날 것이다. 그것은 토대가 바뀌지 않았기 때문이다. 씨앗의 본질은 밀의 본질로 남는다.

2. 토대의 불변의 속성들

토대가 불변하고, 씨앗이 자라는 방법 또한 불변한 밀은 항상 새로운 밀을 산출하게 된다. 한 대의 밀이 새로운 생명의 순환에서 한 대 이상을 산출할 수도 있고, 새로운 발아의 양과 질에 변화가 있을 수 있지만, 그 토대 자체인 밀의 이전 형태 본질은 불변한 채 남아 있을 것이다. 간단히 설명하면, 밀 씨앗에서는 밀이 아닌 다른 어떤 식물도 자라날 수 없고, 모든 밀의 모종은 싹이 나는 순간부터 시들어버리는 순간까지 항상 똑같은 성장 패턴을 거쳐 갈 것이다.

이와 비슷하게 모든 인간의 어린이들도 똑같은 성장의 순서대로 자란다. 우리가(어느 정도는) 언제쯤 아이가 어떤 능력을 발달시키기 시작해야 하는지, 언제쯤 특정 음식들을 먹기 시작할 수 있는지 등을 아는 이유가 바로 이것이다. 이 같은 고정된 패턴 없이는 인간의 아기들, 혹은 다른 어떤 것의 성장선을 그린다는 것은 불가능할 것이다.

3. 외부의 힘에 의해 변하는 속성들

비록 씨앗이 본질을 유지한다고 해도 햇빛과 토양, 비료, 습기, 비 같은 환경적 영향들 때문에 그 겉모양새는 변화할 수도 있다. 그래서 여전히 밀이라는 식물이라고 해도, 그 겉포장과 밀의 본질의 속성은 외부 요소들을 통해 수정될 수 있다.

유사하게 우리 자신들(토대들)도 비록 똑같다고 해도 다른 사람들이 함께 있을 때나 다른 상황에 처할 때 기분이 변화할 수 있다. 때때로 그 환경의 영향이 장기적일 때는 기분뿐만이 아니라 우리의 성격조차도 변화시킬 수 있다. 우리 안에 새로운 특성들을 창조하는 것은 그 환경이 아니다. 단지 특정 종류의 사람들 사이에 존재함으로써 우리 본성의 특정 양상들이 예전보다 더 활발해지도록 장려되는 것이다.

4. 외부 환경에서의 변화

씨앗에 영향을 주는 환경 자체는 기후 변화, 공기의 좋고 나쁨, 그리고 근처 식물들과 같은 다른 외부 요인들에 의해 영향을 받는다. 우리가 식물들을 온실에서 키우고 인공적으로 토지에 비료를 주는 이유가 바로 이것이다. 우리는 식물들이 자라는 데 최상의 환경을 조성하려 애쓴다.

인간 사회에서 우리는 환경을 끊임없이 변화시킨다. 우리는 새로운 상품들을 선전하고, 정부를 구성하며, 모든 종류의 학교를

다니고, 친구들과 시간을 보낸다. 그러므로 우리 자신의 성장을 관리하기 위해서는 우리가 함께 시간을 보내는 사람들, 그러나 가장 중요하게는, 우리가 우러러 보는 사람들을 관리하는 법을 배워야 한다. 그들이 우리에게 가장 큰 영향을 미치는 사람들이기 때문이다.

우리가 교정되기를, 즉 이타적이 되기를 원한다면 어떤 사회적 변화들이 교정을 촉진시키는지 알아야 하고, 그 변화들을 따라야 한다. 마지막 요인인 외부 환경에서의 변화로 우리는 본질을 구체화하고, 우리 토대의 속성을 변화시키고, 결과적으로 우리의 운명을 정한다. 이곳이 바로 우리가 선택의 자유를 갖는 곳이다.

교정을 위한 올바른 환경 선택하기

비록 우리가 토대의 속성을 결정할 수는 없지만, 사회적 환경들을 선택함으로써 여전히 우리의 삶과 운명에 영향을 미칠 수는 있다. 즉 환경이 토대의 속성에 영향을 미치기 때문에 우리가 성취하고자 하는 목표들을 장려하는 쪽으로 환경을 조성함으로써 우리 자신들의 미래를 정할 수 있다.

일단 방향을 정하고 나를 거기로 이끌어줄 환경을 조성했다면, 나는 사회 발전을 가속화시키는 후원자로 이용할 수 있다. 이를테면 내가 돈을 원할 경우 나는 그것을 원하고, 그것에 대해 토론하고, 그것을 얻으려 열심히 일하는 사람들로 내 주위를 에워쌀 수 있다. 이러한 환경이 나에게 열심히 일할 영감을 줄 것이고, 내 마음을 돈 버는 계획들의 공장으로 바꾸어줄 것이다.

또 다른 예가 있다. 만약 내가 비만이어서 다이어트를 하고자 할 때, 가장 쉬운 길은 살을 뺄 생각을 하고, 토론을 하며, 서로에게 용기를 북돋아주는 사람들로 내 주위를 둘러싸는 것이다. 사실상 어떤 환경을 조성하기 위해서 나는 사람들로 에워싸이는 것 이상을 할 수 있다. 즉 나는 책, 영화, 그리고 잡지 기사 등을 이용하여 그 환경의 영향을 강화시킬 수 있다. 살을 빼려는 욕구를 증가시키고 지지하는 어떤 수단이든 이용할 수 있다.

이 모든 것이 환경 속에 있다. 갖가지 단체들, 의료 재활원들, 체중 조절 클럽들, 이들 전부는 사람들이 스스로를 돕지 못할 때 그들을 돕기 위하여 사회의 힘을 이용한다. 환경을 올바르게 이용한다면, 우리가 꿈조차 꾸지 못할 것들을 성취하는 것이 가능하다. 무엇보다 좋은 것은 그것을 성취하기 위해 우리가 어떤 노력을 기울이고 있다는 것을 느끼지조차 못한다는 것이다.

깃털이 같은 새들

첫 장에서 우리는 형태의 동등화 원칙에 대해 이야기했다. 똑같은 원리가 여기에도 적용되지만, 육체적 수준에서 적용된다. 비슷한 사람들은 같은 욕구와 같은 생각을 공유하기 때문에 편안하게 느낀다. 깃털이 같은 새들이 함께 무리를 짓는 것을 우리 모두는 알고 있다. 그러나 우리는 그 과정을 바꿀 수 있다. 우리의 무리를 선택함으로써, 우리가 궁극적으로 될 어떤 새의 종류를 결정할 수 있다.

영적인 욕구도 예외가 아니다. 내가 영적인 것을 원하고 그에 대한 내 욕구를 증가시키고자 한다면, 내 주위에 올바른 친구들, 책들, 영화들을 둘 필요가 있다. 나머지는 인간 본성이 알아서 할 것이다. 한 무리의 사람들이 창조주처럼 되고자 결심한다면, 아무것도, 창조주조차도 그들의 길을 막을 수 없다. 카발리스트들은 그것을 "내 아들들이 나를 이겼다."라고 표현한다.

그러면 어째서 영적인 움직임은 활발하지 않은가? 사실 작은 걸림돌이 하나 있다. 영적인 것을 가지기 전에는 그것을 느낄 수 없다. 문제는 목표를 보거나 느끼지 않고 그것을 진실로 원하는 것이 매우 어렵다는 것이다. 커다란 욕구 없이 어떤 것을 얻기란 아주 힘들다는 것을 우리는 이미 보았다.

세상에서 우리가 원하는 모든 것은 외부의 영향이 우리에게 미친 결과라고 생각해 보자. 만약 내가 피자를 좋아한다면, 그것은 친구들, 부모님들, 텔레비전, 무엇 혹은 누군가가 피자가 얼마나 맛있는지에 관해 말했기 때문이다. 내가 변호사가 되고 싶어 한다면, 그것은 사회가 변호사라는 직업에 대해 가치 있다는 인상을 심어주었기 때문이다.

그러나 우리 사회의 어느 곳에서 창조주처럼 되는 것이 위대한 일이라고 말해주는 그 무엇, 혹은 사람을 찾을 수 있는가? 더욱이 그런 욕구가 사회 속에 존재하지 않는다면, 어떻게 그것이 내 안에 나타났는가? 그것이 하늘에서 툭하고 떨어졌는가?

아니, 하늘에서 떨어진 것이 아니라 레쉬못에서 나온 것이다. 그것은 미래에 대한 기억이다. 설명을 해보자. 일찍이 4장에서, 레쉬못은 우리가 영적 사다리의 더 높은 곳에 있었을 때 우리 안에 기재되었던 기록들, 기억들이라고 언급했다. 이들 레쉬못은 우리의 무의식 속에 잠재하다가 지난 상태에서 새롭거나 더 강한 욕구들을 일깨우며 하나씩 차례대로 떠오른다.

우리 모두가 한때는 영적 사다리에서 더 높은 곳에 있었기 때문에, 우리가 욕구들의 영적 수준을 경험할 때가 되면, 그 영적 상태들로 되돌아가려는 욕구를 자각하게 될 것이다. 레쉬못이 우리 자신의 미래 상태들에 대한 기억이라는 이유가 바로 이것이다.

그러므로 "어떻게 환경이 소개시켜주지 않은 어떤 것에 대한 욕구를 내가 가질 수 있는가?"라는 물음을 가져서는 안 된다. 대신에 "일단 내게 이 욕구가 생기면 어떻게 그것을 최대한 이용할 것인가?"라고 물어야 한다. 그리고 답은 간단하다. 당신이 성취하고 싶어 하는 다른 모든 것을 대하듯이 그 욕구를 대하라. 그것에 대해 생각하고, 토론하고, 읽어보고, 노래를 해보라. 그 욕구를 중요하게 만들기 위해서 가능한 모든 것을 하라. 그러면 그에 비례하여 당신의 발전이 빨라질 것이다.

《조하르의 책》에는 당대의 위대한 카발리스트인 랍비 요시 벤 키스마(Yosi Ben Kisma)라는 현자에 대한 고무적인(그리고 사실인) 이야기가 있다. 어느 날, 다른 마을에서 온 부유한 상인이 그에게 다가왔다. 상인은 지혜에 목마른 자기 마을 사람들을 위해 랍비에게 자신의 마을로 이전할 것을 제의했다. 그는 자신의 마을에는 현자가 없으며 간절히 영적 스승을 필요로 한다고 설명했다. 그리고 두말할 필요도 없이, 랍비의 사적인 필요와 교육에 필요한 모든 것을 충분히 돌봐주겠다고 약속했다.

그러나 놀랍게도 랍비 요시는 굳이 사양하며, 어떤 상황에서도 다른 현자가 없는 곳으로는 이전하지 않을 것이라고 못 박았다. 낙심한 상인은 설득하려 애쓰며, 랍비 요시야말로 그 세대의 가장 위대한 현자이므로 다른 누구로부터 배울 필요가 없다고 말하였다.

상인이 말했다. "더욱이 우리 마을로 이전하여 사람들을 가르침으로써 당신은 위대한 영적인 봉사를 하게 되는 셈입니다. 이미 여기는 여러 명의 현자가 있고 우리 마을에는 아무도 없으니까요. 이것은 전 세대의 영적 차원에 의미 있는 기여가 될 것입니다. 위대한 랍비시여, 최소한 저의 제의를 고려해 보시겠습니까?"

이에 랍비 요시는 확고하게 답했다. "아무리 지혜로운 현자라도 지혜 없는 사람들 사이에 살게 되면 곧 지혜롭지 않게 될 것이오." 랍비 요시가 그 상인의 마을 사람들을 돕기 싫어한 것은 아니었다.

협력하는 환경 없이는 그가 두 배로 잃을 것, 즉 제자들을 가르치는 데 실패하고, 그 자신의 영적 수준마저 잃게 될 수 있다는 것을 그는 잘 알고 있었다.

카발리스트들은 무정부주의자가 아니다

이전 부분에서 설명한 것 때문에 카발리스트들이 영성 지향적인 사회를 조성할 목적으로 기꺼이 사회적 질서를 방해할 무정부주의자라고 생각하게 될지도 모르지만 이는 진실과 가장 거리가 멀다.

예후다 아쉴락이 아주 명확하게 설명하듯, 그리고 어떤 사회학자와 인류학자라도 확증시켜줄 수 있는 것은 인간이 사회적 동물이라는 것이다. 즉 우리는 한 공통된 영혼의 부산물이기 때문에 사회에서 살아가는 것 외에 다른 선택권이 없다. 그러므로 우리가 살아가고 있는 사회의 규칙에 순응하고 사회의 복지를 돌보아야 하는 것은 분명하다. 그리고 그것을 성취할 유일한 길은 우리가 살고 있는 사회의 규칙들에 충실한 것이다.

그렇지만 또한 아쉴락은 사회와 관련이 없는 상황에서는 사회가 개인의 자유를 억누르거나 제한할 어떤 자격이나 명분이 없음을 표명했다. 더 나아가 아쉴락은 그렇게 하는 사람들을 '범죄자들'이라고까지 불렀다. 그는 인간의 영적 발전에 있어서 자연은 개인이 다수 의지에 복종할 것을 강요하지 않는다고 설명했다. 반대로 영적 성장은 우리 각자의 개인적인 책임이다. 그렇게 함으로써, 우리는 스스로의 삶뿐만이 아니라 전 세계의 삶을 향상시키고 있다.

우리가 살고 있는 사회에 대한 우리의 의무와 개인적 영적 성장에 대한 의무 간의 분리를 이해하는 것은 필수적이다. 어디서 선을 긋고 어떻게 양쪽에 기여를 할 것인지 우리가 알게 되면 영적임에 대한 커다란 오해와 혼란으로부터 자유로워질 것이다. 삶에서 규칙은 똑바르고 간단해야 한다. 일상의 삶에서 우리는 법의 규칙에 따른다. 그리고 영적인 삶에서 우리는 개인적으로 진화할 자유가 있다. 오직 우리가 영적인 진화를 선택할 때 개인적인 자유를 성취할 수 있음이 밝혀진다. 그곳은 타인들이 방해해서는 안 되는 곳이다.

이기심의 불가피한 죽음

> 자유에 대한 사랑은 타인들에 대한 사랑이다.
> 권력에 대한 사랑은 스스로에 대한 사랑이다.
> – 윌리엄 해즐릿(William Hazlitt, 1778~1830)

창조의 근본 원리를 다시 한 번 살펴볼 기회를 갖기로 하자. 창조주가 창조한 유일한 것은 우리의 받으려는 의지, 우리의 이기심이다. 이것이 우리의 본질이다. 우리의 이기심을 비활성화시킬 방법을 배운다면, 창조주와 우리의 관계를 복구할 수 있을 것이다. 이기심이 없다면, 우리는 영적 세계에 존재하는 창조주와 형태의 동등함을 되찾을 수 있을 것이기 때문이다. 우리의 이기심을 비활성화하는 것은 우리가 영적 사다리를 올라가는 시작이자, 교정 과정의 시작이다.

자기중심적인 기쁨에 취해 있는 사람들은 행복해질 수 없다는 것이 자연의 역설적인 유머이다. 거기에는 두 가지 이유가 있다. 첫번째, 1장에서 설명한 대로, 이기심은 절망적인 딜레마이다. 원하는 것을 가지면 더 이상 그것을 원하지 않는다. 그리고 두번째, 이기적인 욕구는 스스로의 바람이 충족되기를 원할 뿐만 아니라, 다른 사람들의 바람이 충족되지 않기를 바란다.

두번째 이유를 더 잘 이해하기 위해서는 기본으로 돌아갈 필요가 있다. 네 가지 기본 단계들 속의 단계 1은 오직 기쁨을 받기만을 원한다. 단계 2는 이미 더 발달되어서, 주는 것이 창조주가 존재하는 상태이기 때문에 주는 것에서 기쁨을 받기를 원한다. 우리의 발달이 단계 2에서 멈추었다면, 우리의 욕구들이 성취되는 순간 우리는 만족했을 것이고 다른 이들이 가진 것에 상관하지 않았을 것이다.

그러나 단계 2, 주려는 욕구는 우리로 하여금 다른 이들을 눈치 채도록 강요하여 그들에게 줄 수 있도록 만든다. 우리의 기본적인 욕구가 받는 것이기 때문에, 우리가 다른 사람들을 바라볼 때 보이는 것은 "그들은 내게 없는 모든 것들을 가지고 있어."라는 것이 전부이다. 단계 2 때문에 우리는 항상 스스로를 남들과 비교할 것이고, 단계 1의 받으려는 의지 때문에 언제나 남들 위에 있기를 원한다. 이것이 바로 우리가 남들의 부족함에 즐거움을 느끼는 이유이다.

한편으로, 또한 빈곤선이 국가에 따라 변하는 이유도 바로 여기에 있다. 《웹스터 사전》에 따르면, 빈곤선이란 "어떤 사람이 정부의 기준에 따라 가난하다고 분류되는 그 수준 이하의 개인 임금, 혹은 가족 임금의 수준"이다.

만약 주위의 모든 사람이 나만큼 가난하다면, 나는 가난하게 느끼지 않을 것이다. 그러나 주변의 모든 사람이 부유하고 나는 오직 평균 임금을 받을 뿐이라면, 나는 지구상에서 가장 가난한 사람으로 느낄 것이다. 즉 단계 1(우리가 갖고 싶어 하는 것)과 단계 2(남들이 가진 것에 의해 결정되는 것)의 결합에 의해 우리의 표준이 조성되는 것이다.

사실상 세상이 살기 좋은 곳이 될 담보가 되었어야 할 우리의 주려는 욕구는 실제로는 이 세상의 모든 악의 원인이다. 이것이 부패의 본질이고, 그래서 받으려는 의도를 주려는 의도로 교환하는 것이 우리가 교정해야 할 전부이다.

치료

어떤 욕구나 자질도 그 자체로 사악하지는 않다. 그렇게 만드는 것은 우리가 그것들을 사용하는 방법 때문이다. 고대의 카발리스트들은 이미 말했다. "질투, 욕망, 그리고 명예(의 추구)는 인간을 세상에서 벗어나게 한다." 이는 우리 세상에서 벗어나 영적 세계로 들어가는 것을 의미한다.

어떻게 해서 그런가? 우리는 이미 질투가 경쟁으로 이끌고, 경쟁은 발전을 가져온다는 것을 알고 있다. 그러나 질투는 기술적 혹은 다른 세속적 이익보다 훨씬 더 큰 결과로 인도한다. 《조하르 책의 서문》에서 아쉴락은 인간이 남을 감지할 수 있고, 그러므로 남들이 가진 것이 자신에게 없다는 것을 느낄 수 있다고 저술한다. 그 결과 인간은 질투로 가득해져 남들이 가진 모든 것을 원하며, 가지면 가질수록 더 공허를 느낀다. 결국에 인간은 세상 전체를 삼켜버리고 싶어 한다.

결과적으로, 질투는 우리가 창조주 그 자체 이하는 받아들이지 않도록 만든다. 그러나 여기서 자연의 유머는 우리에게 다시 한 번 장난을 친다. 요컨대 창조주는 주려는 욕구, 이타주의이다. 비록 처음에는 그것을 모른다고 해도, 실제로 우리는 이타주의자가 되기를 갈망하고 있다. 그러므로 마치 암이 그 숙주의 생명체를 파괴시켜 결국은 자신이 파멸시킨 몸과 함께 죽는 것처럼 우리의 이기주의는 질투라는 가장 위험하고 해로운 특성을 통해서 스스로를 죽음으로 몰아넣는다.

다시 한 번 우리는 올바른 사회적 환경 조성의 중요성을 알 수 있다. 만약 우리가 시기하도록 강요를 당한다면, 우리는 최소한 건설적으로 질투를 하여야 한다. 여기서 건설적인 질투란 우리를 교정으로 이끌어줄 무언가에 대한 질투를 뜻한다.

> 카발리스트들은 이기심을 다음과 같이 묘사한다. "이기심은 매혹적이도록 달콤하지만 치명적인 약 한 방울을 칼끝에 묻힌 칼을 가진 사람과 같다. 그 사람은 그 약에 독이 있다는 것을 알지만 스스로를 어쩔 수 없다. 그는 입을 벌리고 칼끝을 자신의 혀로 가져와서 삼켜버린다……."

공정하고 행복한 사회는 관리되거나 '흐름을 돌린' 자기중심주의에 의존할 수 없다. 우리는 법의 규칙을 통해서 이기심을 억제하려 할 수 있지만, 아돌프 히틀러를 민주적으로 선출한 독일 민주주의의 예에서 보았듯이 상황이 강경해질 때까지만 이기심은 유용할 뿐이다. 또한 사회에 혜택을 주는 쪽으로 이기심의 흐름을 돌릴 수 있지만, 이는 이미 소련 공산주의에서 시도되었다가 비참하게 실패했다.

기회의 자유와 자본주의를 가진 미국조차도 시민들을 행복하게 만들지 못하고 있다. 의학에 관한 《뉴잉글랜드 저널》에 따르면, "매년 15세에서 54세 사이의 미국인들 가운데 4600만 명이 우울증 증상으로 고통 받고 있다."고 하며, 2006년 6월 6일자 〈뉴욕 타임스〉에 발표된 일반 정신의학 보고서는 "어린이와 청소년을 대상으로 한 강력한 항정신병 의약의 사용은…… 1993년과 2002년 사이에 다섯 배 이상으로 증가했다."고 밝혔다.

결론적으로, 이기심이 우세한 이상 사회는 항상 불공정할 것이고 어떻게든지 구성원을 실망시킬 것이다. 결과적으로 이기심이 바탕에 깔린 사회는 그들이 만들어낸 이기심과 더불어 지칠 대로 지쳐버릴 것이다. 우리는 모두에게 이익이 되도록 가능하면 빠르고 쉽게 공정하고 행복한 사회를 실현해야 할 뿐이다.

거짓 자유

카발리스트들은 창조주에 대한 느낌의 부재를 '창조주 얼굴의 은폐'라고 표현한다. 이 은폐는 우리 세상과 창조주의 (영적) 세계 사이에서 선택할 수 있는 자유에 대한 환상을 만들어낸다. 우리가 창조주를 볼 수 있다면, 우리가 이타주의의 혜택을 진정으로 감지할 수 있다면, 우리는 베풂과 기쁨의 세계인 그의 세계를 우리 세상보다 선호할 것임은 의심의 여지가 없다.

그러나 우리는 창조주를 보지 못하기 때문에 그의 규율을 따르지 않으며, 그 대신 끊임없이 그 규율을 위반한다. 사실상 창조주의 규율을 알고 있더라도 그것을 위반함으로써 우리 자신에게 가해지는 고통을 보지 못하기에, 우리는 여전히 그 규율을 위반할 것이 분명하다. 이기주의자로 남는 것이 훨씬 더 즐겁다고 생각할 것이기 때문이다.

이 장의 '삶의 고삐'라는 부분에서 전체 자연은 오직 한 가지 법칙인 기쁨과 고통의 법칙에 순종한다고 언급했다. 다른 말로, 우리가 행하고, 생각하고, 계획하는 모든 것은 우리의 고통을 감소시키거나 기쁨을 증가시키기 위한 의도를 가지고 있다. 이에 있어서 우리에게는 전혀 자유가 없다. 그러나 이 같은 힘이 우리를 지배하고 있음을 보지 못하기 때문에 우리는 자유롭다고 생각한다.

은폐

예후다 아쉴락의 아들이자 자칭 위대한 카발리스트인 바루흐 아쉴락은 아버지로부터 들었던 말을 노트에 적어두었다. 그 노트는 후에 《샤마티 Shamati》(나는 들었다)라는 제목으로 출간되었다. 그는 이렇게 적었다. "우리가 상위의 힘에 의해 창조되었다면, 어째서 우리가 그것을 느끼지 못하는가? 왜 그 상위의 힘은 감추어져 있는가? 그 힘이 우리로부터 원하는 것을 알았더라면, 우리는 실수를 하지 않았을 것이고 처벌로 고통 받지 않았을 것이다.

창조주가 겉으로 드러난다면 삶은 얼마나 간단하고 즐거운 것이 될 것인가! 우리는 그의 존재를 의심하지 않을 것이고 우리와 세상 전부를 이끄는 그의 길을 모두가 인지할 수 있을 것이다. 우리는 우리 창조의 이유와 목적에 대해 알게 되고, 우리 행위에 대한 그의 반응을 보게 되며, 그와 이야기를 나누고 어떤 행동을 하기 전에 그의 조언을 들을 것이다. 삶이 얼마나 아름답고 단순해질 것인가!"

아쉴락은 불가피한 결론으로 그의 생각을 마무리한다. "우리의 삶에서 한 가지 염원은 창조주를 밝히는 것이어야 한다."

우리가 진정으로 자유로워지기 위해서는 먼저 기쁨과 고통의 고삐에서부터 자유로워져야 한다. 그리고 우리의 이기심이 무엇이 즐겁고, 무엇이 고통스러운지를 알기 때문에 무엇보다 우리의 이기심에서 자유로워져야 한다.

자유로운 선택의 조건들

역설적이게도, 오직 창조주가 감춰져 있을 때만 진정한 선택의 자유가 가능하다. 그 이유는 만약 한 쪽이 더 나아보이면, 이기주의는 그것을 쫓아가는 것 빼고는 우리에게 어떤 선택권도 주지 않기 때문이다. 그런 경우, 우리가 주기로 한다고 해도 그것은 받기 위해서 주는 것, 혹은 이기적인 베풂이 될 것이다. 어떤 행위가 진실로 이타적이고 영적이기 위해서는 그 혜택이 우리로부터 숨겨져야만 한다.

창조의 전체적인 목적이 결과적으로 이기주의에서 자유로워지는 것임을 명심한다면, 우리의 행위는 항상 옳은 방향, 즉 창조주를 향하게 될 것이다. 그러므로 우리에게 두 가지 선택권이 있고 어느 쪽이 더 큰 기쁨(혹은 더 적은 고통)을 가져다줄지 알 수 없는 상황에서 우리는 비로소 자유로운 선택을 할 진정한 기회를 가지게 된다.

만약 이기심이 더 나은 선택을 모른다면, 다른 가치에 따라서 선택을 할 수 있다. 예를 들어, 우리는 더 즐거운 것이 무엇일까라는 물음이 아니라, 더 베푸는 것은 무엇일까라는 물음을 자신에게 던질 수 있다. 주는 것이 우리가 가치 있게 여기는 것이라면, 이것은 하기 쉬운 일일 것이다.

우리는 이기주의자나 이타주의자가 될 수 있고, 자신을 위하거나 남을 위할 수 있다. 다른 선택의 여지는 존재하지 않는다. 두 가지 선택권이 분명하게 눈에 보이고 동등하게 매력적(혹은 매력적이지 않음)일 때 자유로운 선택이 가능하다. 오직 한 가지 선택권만 볼 수 있다면, 나는 그것을 따라야만 할 것이다. 그러므로 자유롭게 선택하기 위해서는, 나 자신의 본성과 창조주의 본성을 보아야 한다. 어느 쪽이 더 즐거운지 모를 때에만 나는 진정 자유로운 선택을 할 수 있으며 내 이기심을 중립화할 수 있다.

자유로운 선택의 이행

영적인 수행에서 첫번째 원리는 '지식 너머의 믿음'이다. 그러므로 자유로운 선택의 이행에 대해 이야기하기 전에, 카발라가 뜻하는 '믿음'과 '지식'에 대해 설명해야 한다.

믿음

지구상의 모든 종교와 믿음 체계 안에서, 믿음은 우리가 볼 수 없거나 분명하게 인지하지 못하는 것을 보완하기 위한 수단으로서 사용된다. 다른 말로, 우리가 신을 볼 수 없기 때문에 우리는 신이 존재한다고 믿어야만 한다. 이런 경우, 신을 볼 능력이 없는 것을 보완하기 위해 우리는 믿음을 이용한다. 이것은 '눈먼 믿음'이라 일컬어진다.

그렇지만 믿음은 종교에서만이 아니라 실제로 우리가 하는 모든 일에서 보완으로 사용된다. 예를 들어, 어떻게 우리는 지구가 둥글다는 것을 아는가? 우리가 직접 우주 공간으로 날아가 그것을 확인해본 적이 있는가? 과학자들이 지구가 둥글다는 것을 확인했다고 말할 때, 우리가 그들을 신뢰할 만한 사람들이라고 간주하기 때문에 지구가 둥글다고 말하는 그들을 믿는 것이다. 우리는 그들을 믿는다. 그것은 믿음이다, 눈먼 믿음.

이렇듯 우리 스스로가 볼 수 없을 때마다, 볼 수 없는 곳마다, 그 상황에서 빠진 조각들을 메우기 위해서 우리는 믿음을 이용한다. 그러나 이것은 확실한 정보가 아니다. 그것은 그저 눈먼 믿음에 불과하다.

카발라에서 믿음은 우리가 방금 묘사한 것의 정반대를 뜻한다. 카발라에서의 믿음이란 실체적이고, 생생하며, 완전하고, 깨지지 않으며, 반박할 수 없는 창조주에 관한, 즉 삶의 법칙에 관한 지각이다. 그러므로 창조주 안에서 믿음을 습득할 수 있는 유일한 방법은 정확히 '그'처럼 되는 것이다. 그렇지 않다면, 어떻게 우리가 추호의 의심도 없이 '그'가 누구인지, 혹은 '그'가 존재하는지 알 수 있을 것인가?

이성

《웹스터 사전》은 '이성(reason)'이란 단어에 대해 두 가지 정의를 제공한다. 첫번째 정의는 '이유'이나 흥미로운 것은 두번째 정의다. 웹스터에 따르면 그에는 세 가지 뜻이 포함된다.

1. (특히 이성적인 방식에 있어서) 이해력, 사고력
2. 적절한 정신의 운동
3. 지적인 힘의 총체

웹스터가 제시하는 동의어로는 (다른 단어들과 더불어) 지성, 정신, 논리 등이 있다.

　카발리스트 바루흐 아쉴락(Baruch Shalom HaLevi Ashlag)이 제자에게 쓴 편지에서 창조의 '지휘 계통'을 설명하는 통찰력 있는 글을 조금 읽어보자. 이로써 우리가 지식 너머로 가야 하는 이유가 명확히 밝혀질 것이다.

　"창조의 목적은 '그'의 피조물을 이롭게 하려는 것이었기 때문에 받으려는 의지가 창조되었고, 이 목적을 위해서 기쁨을 받으려는 그릇이 존재해야만 한다. 아무튼 필요 없이는 기쁨이 느껴지지 않기 때문에 기쁨에 대한 필요가 없다면 기쁨을 느끼는 것이 불가능하다."

　"이 받으려는 의지는 창조주가 창조한 모든 인간(아담)이다. 인간에게 영원의 행복이 알려질 것이라고 우리가 말할 때, 그것은 창조주가 주려고 계획한 모든 기쁨을 받으려는 의지에 대해 언급하는 것이다."

　"받으려는 의지는 시중을 들 하인들을 가지고 있다. 그들을 통해서 우리는 기쁨을 받는다. 그 하인들은 손, 발, 시력, 청력 등이다. 그 모든 것들은 사람의 하인들로 여긴다. 즉 받으려는 의지는 주인이며 그 장기들은 하인들이다."

　"그리고 보통 그렇듯이, 하인들 중에는 집사가 있어서 하인들이 기쁨을 가져오려는 목적을 위해 일하고 있음을 확실히 한다. 그는 그 하인들을 돌보는데, 주인이 받으려는 의지를 원하기 때문이다."

"만약 하인들 가운데 하나가 부재하면, 그 하인과 관련된 기쁨 또한 부재할 것이다. 이를테면, 어떤 사람이 귀머거리라면 그 사람은 음악을 즐길 수 없을 것이다. 그리고 어떤 사람이 냄새를 맡을 수 없다면, 그 사람은 향수의 향기를 즐기는 것이 불가능할 것이다."

"그러나 어떤 사람에게 뇌가 없다면(하인들의 감독자), 그것은 마치 일꾼들을 감독하는 주인과 같기 때문에, 사업 전체가 망하고 주인은 손해의 고통을 겪게 될 것이다. 만약 어떤 이가 많은 직원을 거느리고 있지만 훌륭한 지배인이 없다면, 그 사람은 이익보다 손해를 보게 될지도 모른다."

"하지만 지배인(지식)이 없이도 사장(받으려는 의지)은 여전히 존재한다. 그리고 만약에 지배인이 죽는다고 해도 주인은 여전히 산다. 이 둘은 관계가 없다."

우리가 받으려는 의지를 이겨서 이타주의자가 되기를 원한다면, 우선 우리는 그 '간부 우두머리'(우리의 지식 그 자체)를 이겨야 한다. 그러므로 '지식 너머의 믿음'이란 믿음, 정확히 창조주처럼 되려는 지식, 즉 우리의 이기심 너머에 있어야 한다(보다 더 중요하다)는 것을 뜻한다.

그것을 손에 넣을 방법은 두 가지이다. 개인적 수준에서는, 영적인 가치를 촉진시키는 사회적 환경을 창조하는 데 도움을 줄 학습자 집단과 한 테두리의 친구들이 필요하다. 그리고 집단적 수준에서는 전 사회가 이타적 가치를 높이 평가하게끔 배울 필요가 있다.

요약

우리가 삶에서 하는 모든 것은 기쁨과 고통의 원칙에 의해 정해진다. 우리는 고통으로부터 도망치고 기쁨을 쫓아간다. 그리고 기쁨을 위해 노력을 덜할수록 좋다.

받으려는 의지가 기쁨과 고통의 원칙을 감독한다. 그것이 우리의 본질이기 때문에, 받으려는 의지는 우리가 하는 모든 것을 관리한다. 우리가 자유로운 존재라고 스스로 생각할지라도, 우리는 사실상 이기심이 장악하고 있는 삶의 두 고삐인 기쁨과 고통에 의해 속박되어 있다.

네 가지 요인이 우리가 누구인지 결정한다.

- 토대
- 토대의 변하지 않는 속성
- 외부의 힘에 의해 변화하는 속성
- 외부 환경에서의 변화. 우리는 오직 마지막 요인에만 영향을 미칠 수 있지만, 그 요인은 다른 모든 요인들에 영향을 준다.

우리가 누구인지 선택할 유일한 길은 그 마지막 요인을 선택함으로써 우리의 사회적 외부 환경을 변화시키고 관리하는 것이다. 마지막 요인 안에서의 변화는 다른 모든 요인들에게 영향을 주기 때문에, 그것을 변화시킴으로써 우리 자신들을 변화시킬 것이다. 우리가 이기주의로부터 스스로를 자유롭게 하고자 한다면, 외부 환경을 이기주의가 아니라 이타주의를 지지하는 외부 환경으로 바꿀 필요가 있다.

일단 우리가 받으려는 의지, 이기심의 속박으로부터 자유로워지면, 영적 차원에서의 진보가 가능하다. 그렇게 하기 위해서 우리는 '지식 너머의 믿음'이라는 원칙을 따른다.

카발라에서 '믿음'이란 창조주에 대한 완전한 인식을 의미한다. 우리의 속성, 우리의 욕구, 의도, 그리고 생각에서 '그'와 동등하게 됨으로써 우리는 믿음을 습득할 수 있다. '지식'이라는 말은 우리 이기심의 '우두머리'인 우리의 이성과 관련되어 있다. 그것 너머로 가기 위해서는 창조주와의 동등화라는 가치가 상상할 수 있는 다른 어떤 이기적 기쁨보다 더 중요하고, 더 고귀하게 다루어져야 한다.

개인적 수준에서는 이타적이 되는 것이 얼마나 중요한지를 보여주는 책(혹은 다른 종류의 미디어), 친구들, 그리고 스승을 이용하여 창조주의 중요성을 높인다. 사회적 수준에서는, 사회 내에 더 이타적인 가치들을 채택하도록 노력한다.

이것이 변화를 성공으로 이끄는 데 필수적이라 해도, 오직 이 세상에서 우리 삶을 더 즐겁게 하기 위해서 이타적 가치들을 받아들여서는 안 된다. 우리 자신과 사회를 자연(현실의 유일한 법칙, 즉 이타주의의 법칙을 뜻함), 즉 창조주와 동등화시키기 위해서 그 이타적 가치들을 받아들여야 하는 것이다.

　개인으로서 그리고 사회로서 우리가 이 같은 환경에 둘러싸여 있다면, 우리의 가치는 점진적으로 우리 환경의 가치로 변화하고, 그리하여 자연스럽고, 쉽고, 즐겁게 우리의 이기주의를 이타주의로 전환시킬 수 있을 것이다.

브네이 바루흐(Bnei Baruch)는 인류의 영적 발전을 향상시키기 위해 카발라의 지혜를 나누고 있는 비영리 조직체이다. 랍비 예후다 아쉴락(《조하르》에 관한 해설집 술람의 저자)의 아들인 랍비 바루흐 아쉴락의 제자이자 개인 조수였던 카발리스트 라브 미하엘 라이트만 박사는 그의 스승의 가르침을 따라 단체를 이끌어가고 있다.

라이트만 박사의 과학적인 방법은 믿음, 종교, 문화에 상관없이 모든 사람이 자아 발견과 영적 발전이라는 경이로운 길을 가는 데 꼭 필요한 도구를 제공한다. 브네이 바루흐는 개개인이 나름대로 경험하는 내적 과정에 우선적으로 초점을 맞추며, 나이와 삶의 방식이 다른 모든 사람이 이 같은 보람 있는 과정에 참여하는 것을 환영한다.

최근 몇 년간 전 세계적으로 수많은 사람들이 삶의 문제에 대한 해답을 찾아나서고 있다. 우리 사회는 사실상 참 현실을 이해할 능력을 잃어버렸고, 그 자리에는 종종 피상적이고 잘못된 개념이 들어서고 있다. 브네이 바루흐는 표준 이상의 깨달음을 찾는 모든 이들, 자신이 여기에 존재하는 참된 목적을 이해하려 애쓰는 사람들 모두에게 손을 내민다.

브네이 바루흐는 세계 현상들을 이해하기 위한 믿을 수 있는 방법을 제공하고 실질적인 안내를 해준다. 랍비 예후다 아쉴락이 고안해낸 믿을 만한 가르침 방법은 일상적인 삶의 시련을 극복하도록 도와주는 데서 그치지 않고, 현재 우리들이 겪는 한계와 제한을 초월할 수 있도록 도와준다.

랍비 예후다 아쉴락은 우리 세대를 위하여 특정한 학습법을 남겨놓았다. 본질적으로 이 학습법은 현 세상에 머무는 동안에 상위 세계의 완벽함을 이미 성취한 것처럼 행동하도록 개개인을 '훈련'시킨다. 랍비 예후다 아쉴락의 말씀을 빌리면, "이 방법은 현 세상에 여전히 살고 있는 동안 우리 존재의 기원인 상위 세계에 도달하기 위한 실용적인 길이다."

카발리스트는 증명되고, 오랫동안 검증되고, 정확한 이 방법을 이용하여 자기 스스로의 본성을 탐구하는 연구원이다. 이 방법을 통해 인간은 완벽함과 삶에 대한 컨트롤을 습득하며, 나아가 삶의 진정한 목표를 깨닫게 된다.

어떤 사람이라도 이 세상에 대한 지식 없이는 세상 속에서 제대로 역할을 할 수 없는 것과 마찬가지로, 상위 세계에 대한 지식 없이는 영혼이 상위 세계 내에서 제대로 된 기능을 할 수 없다. 카발라의 지혜가 바로 이 지식을 제공해준다.

주소와 연락처

인터넷: http://www.kabbalah.info/korean/index.htm
카발라 텔레비전: www.kab.tv
인터넷 서점: www.kabbalahbooks.info
러닝 센터: www.arionline.info
이메일: info@kabbalah.info

✢ 브네이 바루흐 센터
PO BOX 3228 Petach Tikva 49513 Israel

✢ 도서출판 카발라 북스
1057 Steeles Avenue West, Suite 532 Toronto, ON, M2R 3X1 Canada
이메일: info@kabbalahbooks.info
웹사이트: www.kabbalahbooks.info
미국 및 캐나다:
전화: 1 416 274 7287
팩스: 1 905 886 9697

옮긴이의 글

우리 시대를 위한
고대의 지혜

　인류가 정착을 시작한 이래로 인간은 자신의 존재에 대한 의문을 품어왔다. 떠돌이 생활을 할 때에는 정착을 하게 되면 보다 행복하고 안전하게 살 수 있을 줄로 생각했다. 그런데 오히려 정착 생활이 더 불행하고 더 위험한 상황에서 유지된다는 인식을 한 깨달은 자들에 의해 인간 존재에 대한 의문이 생기기 시작했다.

　그들은 진리를 찾으려 했다. 하지만 그 진리라는 것은 찾는 이들의 관념에 따라 달랐다. 그들이 찾은 진리는 진리라기보다 지혜라고 할 수 있는데, 그 지혜들의 위에 바로 카발라의 지혜가 있었다. 카발라는 고대에서 유유히 흘러온 지혜로 한동안 잊혀져 있었을 뿐이지 사라진 것은 아니었다. 그 카발라가 바로 이 시대에 다시 필요해지고 있다.

원래 인간과 자연은 분리된 것이 아니라 하나였는데, 우리 인간의 이기심 때문에 자연과 인간이 때로는 적대관계처럼 벌어져 있다는 것이 카발라에서 말하는 경고이다. 그래서 인류는 비극을 초래하고 있고, 이런 상황은 점점 심화될 것이라는 것이다. 하지만 카발라는 이 비극에서 벗어날 수 있는 지혜를 우리에게 들려준다. 그것은 우리가 다시 자연과 화해를 하는 것이다. 자연과 화해를 하려면 원래 우리가 태어난 근원인 이타심으로 돌아가야 한다.

잊혀졌던 이 카발라의 지혜가 할리우드 스타들을 비롯한 깨달은 사람들에게 주목을 받고 있는 것은 다분히 이런 이유 외에도 우리가 살아가는 데 필요한 삶의 지혜를 주고 있기 때문이다. 우리 삶에 대한 풀리지 않았던 근원적인 의문들에 답하기 위하여 체계화된 카발라의 지혜는 우리에게 확실한 해답을 제공하고 있다.

기원전 3000년 고대 국가 메소포타미아에서 출현한 카발라는 당시에는 자연과 인간, 세상과 인간이 조화를 이루고 있었기 때문에 그다지 존재의 필요성을 느끼지 못했다. 그러나 지금은 자연과 인간이, 인간과 세상이 조화를 이루지 못하고 인류는 자연을 파괴하는 이기적인 존재로 타락하면서 자연의 격한 도전을 받게 되었다. 이 시대에 카발라의 지혜가 필요하다. 카발라는 근본적으로 인간과 자연의 조화를 추구하는 철학과 지혜를 바탕으로 하고 있기 때문이다.

나는 이 책을 접하면서 새로운 나름의 철학을 갖게 되었고, 조용하면서도 큰 울림이 있는 삶의 지혜를 만날 수 있어서 행복했다. 옮긴이로서 이 책에 대한 후기를 길게 쓸 필요를 느끼지 않는 것은 독자가 직접 이 책 속에 들어가 조용한 지혜의 참 맛을 보았으면 하는 생각에서이다.

  이 책이 이기적으로 변해 가는 우리 세상에 이타심을 갖기 시작하는 작은 시발점이 되었으면 좋겠다. 그리고 인류평화에 작은 징검다리가 되기를 바란다. 그것이 옮긴이로서의 바람이며 보람이 될 것이다. 읽는 모든 이들이 행복해지기를 기도한다.

2011년 6월

최복현

www.ingramcontent.com/pod-product-compliance
Lightning Source LLC
Chambersburg PA
CBHW071437080526
44587CB00014B/1884